UMA NOVA PERSPECTIVA

UMA NOVA PERSPECTIA

Vania Matioli

Um trabalho desenvolvido para ajudar as pessoas a obterem um novo olhar de tudo que as rodeia, a partir do desenvolvimento de uma nova consciência, através de informações adquiridas através de muito estudo e experiencias vividas.

Ilumina Essência

Título original

Uma Nova Perspectiva

2023

1. Edicão

M433u Matioli, Vania-1980

Uma Nova Perspectiva/Vania Matioli-1.ed.

Campo Grande, MS: Ed.do Autor, 2023

191p. : 22,86cm

ESBN 978-65-00-74885-7

1.Autoajuda 2. Espiritualidade 3. Energia Vital

I. Título

Agradecimentos

Gostaria de expressar minha gratidão aqui ao meu esposo e pai dos meus filhos Rogério Matioli da Silva, por sempre acreditar em mim, por sempre ver a capacidade em mim mesmo quando eu ainda não a enxergava. Gratidão pelo apoio que sempre me deu, sempre será inesquecível na minha vida!

Gratidão aos meus filhos Hagatta Cristy, Hevelin Kiara, Rhilari, Gustavo e Klaus Henrique, que sempre estiveram do meu lado me apoiando e me dando força quando o pensamento de desistir vinha à minha cabeça! Gratidão por entender o tempo que fiquei isolada de vocês para tornar esse ebook possível!

Vocês são a minha força, meus filhos queridos! Amo muito todos vocês!!!!

Gratidão a todas as pessoas que me proporcionaram todo esse conhecimento, por tornar possível o acesso a tantas informações valiosas, através de seus vídeos, livros, treinamentos, palestras.

E gratidão a mim, por ter tido coragem de buscar todo esse conhecimento, colocá-lo em prática e trazer a mudança para minha vida e para todos da minha família!!!!!!

E agora passo parte desse conhecimento para você, querido(a) leitor!

"Não podemos resolver um problema se estivermos no mesmo plano que o criou"

Albert Einstein

Introdução

Aqui vou apresentar alguns aspectos da vida cotidiana que muitas vezes começa a se apresentar em nossa vida de uma maneira que não gostamos muito, e começamos a nos perguntar porque aquilo está acontecendo, não conseguimos entender. Mas vou te dizer uma coisa, isto é um bom sinal, pois se você conseguiu perceber que sua vida não está do jeito que gostaria, é sinal que você está olhando para o que importa realmente.

Eu comecei a escrever este livro em um final de ano e percebi que nesta época as pessoas ficam bastante reflexivas sobre suas vidas, inclusive eu.

É um período onde as pessoas param um pouco suas rotinas para observar como foi a vida no ano que está findando e passam a se perguntar como vai ser o ano seguinte.

E foi justamente para ajudar essas pessoas que estou escrevendo este livro.

Eu observei a mim mesma numa dessas passagens de final de ano e notei que até nos damos conta de que a vida não vai lá muito bem, mas o que nós fazemos é fazer promessas, pedidos, dizemos que nunca mais isso, nunca mais aquilo e assim entramos em mais um ano. Ou seja, ficamos na esperança de o próximo ano ser melhor. E posso te garantir, que o buraco é muito mais embaixo do que imaginamos!

As nossas intenções até são boas, mas parece não importar muito boas intenções!

E no decorrer do novo ano, observamos que as coisas permanecem do mesmo jeito. Percebemos que não estamos cumprindo as promessas que fizemos. Aquilo que prometemos não mais fazer, se repete de novo, de novo e de novo. E isso nos tira a paz, pois nos vemos em uma situação repetida, que queremos mudar, mas não sabemos como.

Estou dizendo isso com autoridade, pois foi assim que aconteceu comigo. Saía ano, entrava ano, e eu permanecia do mesmo jeito. Cheia de sonhos, porém, sem realizar nenhum que eu queria naquele momento. Isso me frustrava muito.

Eu tinha um sério problema com bebidas alcoólicas, e eu tinha muita vontade de conseguir parar este problema em minha vida, pois era algo que eu não tinha controle.

E o fato de eu não ter controle me assustava. Mas ao mesmo tempo me motivava, pois eu queria muito vencer esse vício maldito que rondava minha vida. Esse foi um dos motivos que me fez buscar pela mudança em minha vida!

E aqui vou te ensinar porque somente boas intenções e força de vontade sozinhas não são o suficiente!

E como sei que tudo que vou ensinar aqui vai dar certo para você?

Justamente porque estou neste momento realizando um dos meus sonhos, que é estar escrevendo este livro com todas as informações necessárias para que qualquer pessoa que deseje mudar sua perspectiva, consiga através deste conteúdo que foi possível graças ao conhecimento que encontrei a partir de pessoas conceituadas nos assuntos de desenvolvimento pessoal, reprogramação mental, espiritualidade, física quântica, neurociência, mentalidade, autorresponsabilidade, enfim, todo o conhecimento necessário para mudar qualquer realidade.

E assim eu sigo espalhando o que eu aprendi pelo mundo, como uma semente levada pelo vento!

O que vou ensinar aqui são coisas que fiz, atitudes que tomei, informações que busquei, hábitos que mudei, coisas que me fizeram obter uma mudança real em meus resultados, tudo de forma simples e de fácil entendimento, a partir da minha visão, para que todos que quiserem, consiga levar para sua vida de forma a obter bons resultados também!

Peço a você leitor que mantenha sua mente aberta para as informações que passarei aqui, pois se estiver aberto para elas, sua vida será transformada com certeza!

"Tudo o que você procura, também está te procurando!"

Entendendo minha realidade!

Tudo parecia estar enroscado em minha vida, parecia que eu fazia tudo errado e tudo que eu começava, sempre acabava deixando pela metade. E eu já não acreditava mais nos meus sonhos, já nem queria sonhar mais, pois eu achava que vida boa não era para mim.

Quanta idiotice, hoje eu sei, mas na época era esse sentimento de não merecimento que tomavam conta de mim.

Mas, dizem que quando um desejo nasce em nosso coração, é Deus falando com a gente e não adianta fingir que ele não está lá, ele vem toda hora na sua mente, e ele vai se tornando cada vez mais forte, você passa a não conseguir mais ignorá-lo. A partir daí temos que tomar uma decisão, mudar ou continuar na mesma!

E eu percebi, me observando, que esse tipo de sentimento fica mais aflorado nos finais de ano. Acredito que seja porque nessa época as pessoas estão mais sensíveis em decorrência do chamado espírito de Natal. Ou simplesmente, por descontentamento mesmo. Por chegar em mais um final de ano do mesmo jeito! Que eu acho que foi meu caso.

Sou uma pessoa que sempre gostei de escrever, mas nunca tive coragem, ou melhor nunca me propus parar para escrever. Hoje estou aqui enfrentando meus medos, minhas inseguranças e escrevendo este livro para você leitor. Um sonho se realizando!!

Que coisa né! Para quem já nem acreditava mais nos sonhos, podemos dizer que houve uma mudança aí!

Depois de tudo que passei e tudo que aprendi, não poderia guardar tudo para mim, seria tamanho egoísmo. Se eu mudei a minha realidade, qualquer pessoa que queira, também vai conseguir.

Aceite o QUERER!!!!

Sim, aceitar, porque às vezes percebemos que queremos uma mudança, notamos que há um desejo ali instalado, mas simplesmente fingimos que ele não está ali. E o querer faz toda a diferença, pois se você não quiser a mudança ela não vai acontecer, nem a pau! Não adianta rezar, fazer promessas, trabalhar a esperança, pensar positivo, tudo isso pode até ajudar, mas não resolver. E o desejo de mudar vai ficar te cutucando até que você dê atenção a ele, experiência própria.

Eu vou citar aqui alguns acontecimentos da minha própria vida para demonstrar como identifiquei que queria realmente uma mudança. E o que me fez realmente ir para a ação!

Eu acredito que se está lendo um livro desse, é porque já está buscando por respostas. E isso é muito bom, pois você já está aberto para as informações que passarei aqui.

“Sua vida é o reflexo
daquilo que você cultiva
dentro de si.
E o que você cultiva
dentro de si, está sempre
sobre o seu controle”

Quando a colheita não é boa, troque as sementes!

Como disse antes, buscamos por mudança em nossa vida sempre que alguma área, ou até mesmo várias áreas não estão indo conforme esperamos.

Notamos que nossa colheita não está sendo conforme esperávamos. A partir disso, percebemos que tem alguma coisa errada. A vida não se apresenta conforme desejamos, e nós apresentamos alguns sinais externos que não conseguimos evitar, pois já são os frutos, como por exemplo, falta de ação, desânimo, falta de entusiasmo, tristeza, ficamos reclamões, nada de novo acontece, tudo parece estar sem graça. E é bem assim mesmo! O problema é que isso acontece tudo ao mesmo tempo!

Aqui vou citar alguns desses resultados que aconteceram comigo para facilitar o entendimento.

Uma das coisas que me incomodava muito, que eu acho que foi um fator muito importante para eu buscar a mudança, eu acredito, foi a falta de controle que eu comecei a apresentar com a bebida alcoólica. O fato de eu não querer fazer uma coisa e ir lá e cometer o mesmo ato de novo, de novo, e de novo, me deixava muito furiosa e curiosa também. Pois eu queria saber o porquê aquilo acontecia, porquê continuava colhendo um fruto que eu não queria mais colher.

Tudo se tornava cada vez mais interessante!

Outro fruto que comecei a colher com muita frequência foi o fruto da insatisfação. Esse é um dos tipos de fruto que faz você começar a analisar como está o seu plantio, eu acho que é o que faz eu me mover, pois a colheita era constante. Eu me sentia mal com esse sentimento, achava até que estava sendo ingrata, pois ainda não entendia o que estava acontecendo comigo. Na verdade, eu chegava até a pensar se Deus não havia me esquecido. Eu me questionava o tempo todo, ficava com raiva, sentia uma tristeza constante, não conseguia me sentir bem, não conseguia me organizar, me sentia como se tudo e todos estivessem contra mim.

Mas depois de passar por tudo isso, posso te dizer com certeza que, quando você estiver experimentando o fruto da insatisfação, saiba que é um fruto bom! Sim, um fruto bom, pois é a forma que Deus está usando para chamar sua atenção!

Eu digo que não foi tão fácil assim identificar esse fato e estou trazendo aqui fatos já entendidos que acredito que vai ajudar você leitor a dar um passo mais adiante bem mais rápido do que eu dei.

Eu vinha experimentando esse fruto há bastante tempo, mas comecei a dar a devida atenção no ano de 2017, quando resolvi parar e olhar para o meu próprio plantio! Desde então tudo começou a mudar.

Como o sentimento de insatisfação era muito forte dentro de mim, e eu me sentia culpada por estar sentindo aquilo, fui em busca de informações que me ajudassem a entender porque aquilo estava acontecendo.

E no começo dos meus estudos, descobri que jamais devemos estar satisfeitos, que a insatisfação é um estado criativo, é ela que faz você se esticar e alcançar. E depois de saber disso, eu comecei a olhar para meus desejos com mais carinho e atenção.

Eu escutei uma vez que o desejo é a forma de Deus se expressar através de nós. Que, quando um desejo nasce em nosso coração, é Deus quem colocou ele lá. Deus quer experienciar coisas magnificas através de nós. E isso fez muito sentido para mim, pois nunca acreditei em um Deus punitivo, bravo, vingativo que se caso você não andar na linha, ele te puniria. Mas infelizmente foi assim que aprendi, e estar tendo todos aqueles desejos fazia eu me sentir errada, culpada por não me contentar com o que a vida me dava e eu me sentia muito confusa com tudo isso, pois os desejos só ficavam mais fortes a cada dia. E eu não fui ensinada a olhar para dentro, e sim para fora. Mas aos poucos eu fui encontrando informações que validavam o que eu estava sentindo e isso fez com que eu não desistisse.

Uma vez eu ouvi em um vídeo do Bob Proctor que quando um desejo nasce em nosso íntimo, é igual a uma mensagem de whatsapp que chega no seu celular. Aparece uma notificação para você de que chegou uma mensagem, você olhando ou não, ela está lá. E é igual com os nossos desejos, você pode até ignorar, mas ele está lá, latente em seu coração. Isso quer dizer que se nasceu um desejo em seu coração é porque ele já é seu no mundo espiritual, basta colocar sua fé nele que ele vai vir para você! Ou você pode ignorar igual fazemos com uma mensagem de whatsap que chega para nós e não temos interesse algum nela, aí é contigo.

E foi saber disso que me fez procurar por respostas, pois me tirou da zona de não merecimento. E estar daquele jeito me impedia de continuar. E saber que era Deus falando comigo, como se tivesse me autorizando, mudou tudo! Decidi, de uma vez por todas que se houvesse um jeito de entender tudo aquilo que estava acontecendo comigo, eu ia encontrar e transformar minha vida. E realmente encontrei.

A partir daí comecei a trabalhar as coisas de uma nova maneira.

Comecei a realmente me responsabilizar pela minha colheita e principalmente pelo próximo plantio.

Quando decidi colocar o que estava aprendendo em prática, comecei a observar o que eu precisaria resolver de mais urgente, pois uma das coisas que aprendi, foi que não podemos fazer tudo, nem resolver tudo ao mesmo tempo. Energia focada, resultado mais rápido.

Sempre fui uma pessoa muito paciente, porém nesta época, eu me tornei uma pessoa muito estressada, querendo resolver tudo ao mesmo tempo e acabando não focando em nada, consequentemente, não obtendo resultado algum. Isso me frustrava muito, aliás, frustração era um dos sentimentos que eu mais experimentava. Falo um dos, porque eram muitos sentimentos ruins. Mais adiante você vai entender o porque esses sentimentos afetavam meus resultados.

Então aqui fica uma dica, foque em uma coisa de cada vez!

Ë eu sei, quando se tem muitos problemas para serem resolvidos fica difícil aceitar essa condição não é mesmo?

Mas eu digo que tudo dá para aprender. E eu sei disso por experiência.

Isso foi uma coisa que aprendi na marra! Porque achava que poderia resolver vários problemas ao mesmo tempo, que isso era ser inteligente, mas na prática não é bem assim. E não tem outro jeito.

Mas uma coisa eu falo, é que quando você começa a tomar atitudes diferentes em qualquer área, as outras também vão se alinhando. Parece mágica.

Então comecei a ver o que precisava arrumar primeiro, o que mais me incomodava naquele momento. Eram bastante coisas, mas eu tinha que começar de algum lugar, pois eu queria muitos resultados diferentes, mas sem focar em um de cada vez, eu não ia ter nada, ou melhor, ia produzir sempre os mesmos resultados e isso não era uma opção!

Comecei a analisar as coisas com um olhar mais amoroso, com mais calma e paci6encia comigo mesma.

No meu caso, um resultado que me incomodava muito e que me trazia grande insatisfação era na área financeira. Eu estava endividada, trabalhava, mas parecia que o dinheiro que entrava nunca dava, que o mês era maior para mim do que para a maioria das pessoas. Gastava sem controle, e agora essa situação já não atingia só a mim, mas também estava afetando toda minha família, nossa vida financeira estava uma bagunça. Eu e meu esposo vivíamos apertados, e eu estava cansada de vê-lo desanimado por aquela situação. Eu sabia que se conseguisse achar uma solução, tudo ficaria melhor.

Meu esposo sempre foi um homem muito honrado e muito generoso, sem falar o tanto que ele trabalhava. E isso era uma das coisas que me incomodava, afinal, eu achava que merecíamos uma boa vida. Mas parecia que quanto mais corríamos atrás dela, mais ela se afastava.

Meu esposo não era de reclamar, mas era perceptível seu descontentamento. Afinal ele sempre trabalhou muito. Sempre fez de tudo para prover sua família, e às vezes parecia que não adiantava tanto esforço. E observar tudo isso me fez mudar uma das crenças mais fortes que eu tinha. Que não é trabalhando duro que se ganha dinheiro!

Eu não sei você, mas eu aprendi que era através do trabalho árduo que se alcançava o sucesso financeiro, mas se você está acompanhando a minha história, conseguiu notar que o meu esposo e eu trabalhávamos bastante, e porque a nossa vida financeira não era correspondente?

Eu sei que o como você usa o dinheiro interfere na sua saúde financeira, mas esse não é o principal motivo da escassez nem na minha vida e nem na sua, isso eu posso te garantir!

E eu até questionava a Deus as vezes por aquilo que passávamos, justamente por acreditar em um deus benevolente. E não me arrependo, pois acho que Deus gostava quando eu o questionava, pois de um jeito ou de outro eu estava olhando para o que eu queria mudar. E isso é muito bom, pois se você não sabe o que quer mudar em sua vida, como vai fazer?

Se não sabe que tipo de fruto quer colher, como saberá que semente terá que plantar? E o plantar é contigo, então, é necessário saber.

E muitas vezes as pessoas travam aqui, ou seja, chega um ponto em que você é direcionado rumo ao seu problema e fica difícil de encarar, então simplesmente você opta por não ver. E eu acabei descobrindo que isso acontece porque seu cérebro não quer gastar energia! Isso mesmo, nós temos um cérebro reptiliano que tem como função a sobrevivência, e fazer mudanças exige do indivíduo um determinado esforço, e esforço é gasto de energia. E o seu cérebro busca o que é melhor para você no momento, a chamada zona de conforto. Ele faz você voltar para o que é conhecido, é por isso que é tão difícil mudar. Quando desejamos mudar estamos brigando contra forças que ainda não conhecemos, por isso é importante buscar por informações que te ajude a entender mais sobre como funcionamos. E parar, e olhar para o problema é um dos passos mais importantes para se obter resultados diferentes em sua vida. É um ato de coragem realmente, pois você tem que ir além do que você conhece para resolver seus problemas.

E para mim o problema financeiro era o que mais eu evitava encarar, mas era o que mais me incomodava. E acredito que esse é um problema muito comum hoje em dia, que tira o sono de muita gente. Infelizmente ou felizmente! Vai do ponto de vista de cada um, afinal, se não fosse por essa situação financeira ruim, talvez eu estivesse naquela situação até hoje!

“Insanidade é esperar
por resultados
diferente fazendo as
mesmas coisas!”

Albert Einstein

Quando fugir não é mais uma opção!

Tem momentos na vida que você precisa parar e escolher! E encarar as coisas como são.

E como eu disse antes, eu tinha muitos problemas para serem resolvidos, mas tive que escolher.

Parei por alguns dias, me observei, observei minha família, e comecei a buscar na internet por assuntos que me desse uma direção. Minha vida estava literalmente uma bagunça, e isso se refletia do lado de fora. Minha casa não permanecia arrumada de jeito nenhum. Meu casamento estava mais ou menos, eu não conseguia controlar meus filhos que já eram 5, estava atolada de dívidas, não eram valores muito altos, porém tiravam o sono. E para completar, minha mãe foi diagnosticada com câncer de mama em fase terminal bem nesta época. Veio tudo junto!

E eu sempre fui uma pessoa positiva, pra cima, alegre, determinada, e neste momento parecia que nenhuma dessas qualidades era de grande ajuda.

Como comecei a estudar diante de tantas coisas acontecendo, você pode perguntar?

Bom, era justamente por estar tudo uma bagunça que decidi buscar mudança, pois havia uma coisa dentro de mim que me dizia que tinha como eu mudar minha vida e que eu não deveria aceitar aquela realidade. Parecia que Deus estava me apertando e me soltando ao mesmo tempo.

Decidi a partir de então que eu iria mudar a minha realidade, tudo que dependesse de mim eu iria fazer. Comecei a olhar para todos os problemas de frente, sem medo e aos poucos, tendo paciência comigo, fui resolvendo um de cada vez. Vou explicar como fiz.

Identifique qual o problema, que depende só de você para ser resolvido!

Vou explicar melhor.

Nessa época eu estava sofrendo muito por causa do estado de saúde da minha mãe, afinal, eu e meus irmãos tinha acabado de receber o diagnóstico do médico dizendo que minha mãe tinha no mínimo 6 meses de vida. E receber essa notícia assim não foi nada fácil para nós, pois minha mãe era uma mulher muito forte que nem gripe não pegava, então dá para imaginar a nossa reação né!

Bem, mas o que o caso da minha mãe tem a ver com tudo isso?

Eu trouxe esse exemplo pois muitas pessoas não conseguem resolver os problemas em sua vida pois está focando em problemas que não dependem delas para ser resolvido.

E neste momento eu tive que ver que, apesar do caso da minha mãe ser bem grave, não era algo que dependia de mim para ser resolvido. Infelizmente não havia mais nada que pudéssemos fazer. E eu precisei sim criar consciência disso para conseguir direcionar minha vida. Não foi uma coisa fácil de fazer, mas foi necessário.

Até então, esse era meu problema mais grave, porém, não dependia de mim o resultado dele. Então não ia adiantar eu ficar procurando soluções para ele, certo?

E posso afirmar aqui que muitas pessoas não conseguem resolver seus problemas porque estão focando no problema errado. E saber identificar o problema faz toda a diferença. E identificar o problema que depende de você para ser resolvido, é melhor ainda!

Tem um ditado que o Dr. Lair Ribeiro diz:

Problema entendido, 50% resolvido!

E isso é muto verdade, pois se você identificou o problema fica muito mais fácil você achar a solução. Pois bem, diante de tudo isso fui então buscar conhecimento para que eu pudesse começar de algum lugar. Como o problema que identifiquei como sendo o mais perturbador era financeiro, comecei então a buscar por informações nesse assunto. Comecei lendo um livro sobre como pagar minhas dívidas em um ano, do autor Ben Zruel, pois achei que era esse meu principal problema. Hoje eu sei que não era, mas foi um livro que abriu minha mente e me deu um direcionamento.

Busquei tudo que você pensar a respeito de finanças, pois até então, era meu maior problema. Até coloquei algumas estratégias em prática, mas sem muitos resultados.

Digo sem muitos resultados na parte financeira, mas fui descobrindo muitas outras coisas.

Na verdade, eu descobri que aquele não era um problema tão grande assim, mas o importante foi que decidi começar de algum lugar.

E a partir daí comecei então a buscar por outros assuntos que pudessem me ajudar, porque a insatisfação ainda era constante dentro de mim. Fui buscar por outras saídas, para outros problemas que ainda estavam presentes em minha vida, até vídeos de como ser organizada, como arrumar uma a casa, eu assisti. Assisti muitos vídeos e li livros, tudo que eu achava que pudesse me ajudar, eu estudava. Na verdade, eu comia o conteúdo! Tudo que eu estudava, eu observava em minha própria vida para comprovar aquele conhecimento e o que fosse que eu tivesse de fazer de mudança, eu fazia. Aliás, eu faço até hoje. Não parei mais de estudar.

Uma das coisas que eu fazia e ainda faço para reforçar o que ia aprendendo em minha mente, era passar para outras pessoas tudo o que eu ia aprendendo. No meu caso, tudo que eu descobria repetia para meu esposo e meus filhos. Isso me ajudou muito.

Essa foi a forma que achei para reforçar esse novo aprendizado, pois era tudo muito novo para mim e quando estamos aprendendo algo novo, há uma certa resistência de nossa parte para implementar o novo conhecimento. Aliás, ensino eles até hoje!

E foi aqui, ensinando minha família que descobri minha vocação para ser terapeuta, pois eles me diziam não que eu ensinava muito bem, pois eu conseguia passar para eles assuntos bem complexos de uma forma muito simples.

Imagina quantas coisas novas eu descobri!

Trabalhar novas descobertas é maravilhoso!

E hoje estou aqui passando esse conhecimento adiante, é gratificante!

Como deu para notar, eu estava decidida a mudar minha realidade, e disposta a organizar tudo o que fosse necessário. Mas eu olhava só para o externo, buscava meios de como arrumar a casa, como pagar minhas contas, como poderia ajudar minha mãe e nada de mudar o que realmente era necessário, coisa que fui descobrir mais adiante.

Eu trabalhava na época, com marketing multinível, e eu gostava muito do que fazia e estava me tornando boa naquilo, mas conciliar, trabalho, casa e casamento e mãe doente estava me consumindo, parecia que nada dava certo, vivia correndo atrás do próprio rabo. Meus resultados não eram os que eu esperava, e eu estava bem desanimada.

Como você pode observar, tudo que eu falo é relacionado a problemas externos! E é óbvio que eu iria buscar por soluções externas, certo? E não esqueça que meu foco era melhorar minhas finanças.

O que me dava uma injeção de ânimo era as reuniões que eu participava da empresa onde trabalhava, onde eram voltadas para o crescimento pessoal e autoconhecimento, como eu trabalhava com vendas buscava por treinamentos que pudesse me ajudar nas minhas metas.

E foi nesses treinamentos que tive contato pela primeira vez com o assunto sobre mentalidade e programação neurolinguística. Olha só o tipo de assunto que comecei a estudar!

Num desses treinamentos tive a "sorte" de conhecer o livro **"O Segredo da Mente Milionária"** de T. Harv Eker, que é voltado para nos ensinar a mudar nossa visão relacionada ao dinheiro. Olha só o livro que veio até mim. Incrível!

Aqui eu quero chamar sua atenção para um ponto muito importante.

Consegue observar que quando eu decidi o que procurar, como ficou mais fácil? Que as informações que eu fui encontrando era justamente relacionadas ao problema escolhido?

Ë por isso que precisamos focar em um por vez e no que depende de você, para facilitar o processo. Somos nós que atrasamos nossas vidas! Não deixamos Deus agir e atrapalhamos todo o processo.

Se eu estivesse focando em um problema que não dependesse de mim, provavelmente eu nem perceberia a importância deste livro. Se tiverem a oportunidade leiam, é fantástico!

Uma das coisas que me chamou muito a atenção neste livro, foi uma das afirmações que li, que me fizeram mudar completamente a direção dos meus atos, a direção da minha observação.

"O meu mundo interior cria o meu mundo exterior"

"Eu tenho uma mente milionária"

Na verdade, aqui eu comecei a observar o meu plantio e que o tipo de semente que eu plantava, fazia toda a diferença. O que está plantando não tem como ser mudado, mas o que será plantado sim.

A planta já é resultado de uma determinada semente, então, se você não quer mais aquele tipo de planta no seu jardim, você precisa parar de plantar da mesma semente. A semente no nosso caso, é o pensamento, e a planta é o resultado que você está experienciando. Portanto o primeiro passo para você mudar algum resultado, é mudar o tipo de pensamento em relação a ele.

Eu falo que este livro me ajudou muito na minha transformação de vida. Digo até que ele foi crucial para minha transformação, pois foi a partir dele que comecei a ter um olhar diferente em relação aos acontecimentos de minha vida. Sou muito grata aos líderes que trouxeram este livro até mim e ao próprio escritor que passou tanto conhecimento através dele.

É um livro que fala de finanças, mas na visão mental da coisa, ou seja, ele trabalha a mudança de mentalidade em relação a dinheiro, mudança de paradigmas mesmo. E estudá-lo mudou tudo, pois se você muda a visão de algo, aquilo muda imediatamente. É a visão que temos das coisas que fazem elas se apresentarem como se apresentam.

Todas as manifestações externas são meras ilusões passageiras diante do poder que você carrega dentro de si. Isso quer dizer que a visão que você tem hoje da sua realidade é determinada pelo que tem dentro de você, ou seja, suas verdades. Tudo o que você acredita ser verdade é o que vai aparecer na sua realidade!

Por exemplo, se você vê um copo de água pela metade, você diria que está meio cheio ou meio vazio? Percebe?

É o nosso olhar que dá significado para tudo que nos acontece.

Então, a partir desse princípio, eu comecei a mudar a minha visão!

Lembra lá atrás onde falei que eu focava somente em problemas externos, portanto, procurava por soluções externas?

Então, foi aqui que a ficha caiu!

Eu tinha que olhar para dentro de mim e não fora! Afinal, o meu mundo interior cria o meu mundo exterior. E nós fomos levados a acreditar que somos separados do criador, e na verdade não somos. Deus está mais próximo do que imaginamos!

Então eu cheguei ao entendimento de que se os meus pensamentos eram as sementes, eu só teria que mudar os pensamentos!

Nossa! Que simples!

Simples sim, porém, fácil não!

Explicarei porque mais adiante.

A partir daqui comecei pela minha busca, desta vez pelo caminho certo!

Lembrando que digo "certo" no meu ponto de vista. O dito certo ou errado é relativo, depende de quem o vê.

Digo certo, pois foi por esse caminho que comecei a obter boas respostas e consegui implantá-las em minha vida, dando início de forma definitiva, a mudança que eu tanto buscava.

Não parei mais de buscar, continuei estudando e abrindo cada vez mais a minha mente para esse novo conhecimento que estava transformando minha vida.

Estudei muitas pessoas e muitos assuntos, e aprendi que existem duas formas de gravar uma informação em sua mente subconsciente: por repetição ou por forte impacto emocional. E como eu escolhi aprender por amor, e não pela dor, decidi trabalhar a repetição para implementar essas informações em minha mente.

Outra informação que passei a repetir para mim mesma é esta frase de Albert Einstein que diz:

"Insanidade é você querer resultados diferentes fazendo sempre as mesmas coisas!"

Eu pensava nela dia e noite, e comecei a observar que eu estava sendo totalmente insana! Pois eu estava esperando mudar meus resultados, sem mudar os pensamentos que os criava. Passei a observar tudo em minha volta e realmente percebei que fazia as coisas sempre do mesmo jeito. Imagina só minha cabeça como ficou quando eu me deparei com essas informações?

Eu quase pirei, mas entender essas informações e aceitá-las fez toda diferença, pois comecei a notar verdades nelas.

E como dizia no livro que citei acima, que meu mundo interior cria o meu mundo exterior, comecei a observar com outros olhos as situações que desejava mudar e percebi que dentro de mim também havia uma bagunça!!!!!

O meu mundo externo é reflexo do meu mundo interno!

Eu escrevi esta frase e colei no meu guarda roupa para praticar a repetição. Eu queria que esta frase se tornasse verdade para mim, então repetia ela todas as vezes que abria meu guarda roupa, ou sempre que a via.

Eu não sei dizer quantas vezes eu repeti essa frase, mas acredito que consegui implantá-la em minha mente, pois comecei a ver as coisas de uma outra maneira.

Um por vez. Seja paciente com você!

Comecei a implantar tudo que vinha aprendendo em meu cotidiano, mas ainda havia umas coisas que me incomodavam bastante, então tive que me autoanalisar novamente e ver onde eu tinha que mexer primeiro para ter um bom resultado.

E agora com uma visão diferente das coisas, comecei por um lugar que você não vai acreditar, pela lavanderia, isso mesmo que você leu. Vou explicar porquê!

Lembra que falei de focar no problema que você pode resolver sozinho? Pois bem, a roupa suja era um dos problemas que me atormentava. Parece bobeira, mas não é. E vi neste problema, aparentemente simples, uma oportunidade de colocar em prática o que eu vinha aprendendo. E foi por aí também que comprovei que realmente meu mundo interior cria o meu mundo exterior, pois era exatamente como aquela bagunça que eu me identificava. E perceber isso fez toda a diferença!

O ambiente onde você vive diz muito sobre você, sobre sua mente, sobre como você está se sentindo e nessa época minha mente estava uma verdadeira bagunça!!!!!

Eu me encontrava muito sensível emocionalmente devido a tudo o que vinha acontecendo, muitas emoções sentidas ao mesmo tempo, tinha dia que parecia que eu ia explodir e que eu não ia aguentar, mas isso não me impediu de continuar.

Como eu focava mais no externo do que no interno, a bagunça da casa era uma coisa que me incomodava muito, não só a mim, mas o meu esposo também ficava bem nervoso.

Imagine chegar todos os dias do trabalho e não poder disfrutar de um ambiente harmonioso, limpo e organizado?

Pois é, e eu só achava por culpados. Vivia dando a desculpa de que era porque tínhamos 5 filhos, a casa era grande, eu estava trabalhando demais e não tinha tempo, enfim, um monte de desculpas. E vou te dizer uma coisa, se caso você está se justificando demais, é porque não está querendo encarar as coisas de frente. Fica a dica.

Se justificar era o que eu mais fazia.

E toda essa perturbação me incomodava muito, mas só o que eu sabia fazer era dar desculpa pelas coisas não feitas. O sentimento que tomava conta de mim era de incompetência. E os sentimentos de baixa vibração eram os que mais eu sentia. Vivia me culpando e a tristeza fazia parte do meu cotidiano, era uma luta constante, pois eu me achava uma pessoa mal agradecida, por ter uma família tão linda e eu estar daquele jeito, tão insatisfeita.

Mas a insatisfação foi o melhor sentimento que tive nessa época, pois foi o que me fez buscar ajuda. Ainda bem que tudo isso passou. Mas lembro com carinho de tudo, e sou grata porque consegui vencer. Isso é muito bom.

Vou contar agora como foi que comecei a pôr em prática o que estava aprendendo, porque conhecimento não aplicado não vale nada.

Estava eu na minha lavanderia, como estava dizendo logo acima, e deparei-me com as roupas jogadas no chão, toda esparramada, e com cinco crianças (olha a desculpa), já dá pra imaginar a quantidade. Naquele momento eu tive um ataque de choro, pois não suportava mais aquela situação que já vinha se estendendo por bastante tempo e é possível imaginar os tipos de problemas familiares que isso causava. Senti uma raiva tomar conta de mim, eu queria na verdade queimar peça por peça. Sentei - me no chão e chorei, chorei muito e foi exatamente neste dia que comecei a mudar minha vida.

Sim, chega ser engraçado, mas foi ali, a partir daquele problema que diante dos outros, era tão pequeno, que eu comecei minha mudança.

A primeira coisa que fiz naquele dia, depois que parei de chorar, foi chegar até a janela e agradecer, sim agradecer. Uma vontade de agradecer tomou conta de mim, e eu fiquei ali por alguns minutos agradecendo, as palavras surgiam em minha boca e eu só ia falando.

Lembra que disse que já havia feito algumas mudanças em minha vida, mas nada muito concreto?

Então, praticar a gratidão era uma delas.

Durante meus estudos aprendi uma técnica de gratidão, onde você pegava um caderno ou agenda e todos os dias escrevia 10 coisas que eu era grata, eu fazia por um tempo e parava, meu esposo também fazia, ensinei aos meus filhos, mas mesmo fazendo esse exercício tão poderoso eu não estava tendo os resultados que eu queria.

Lembra que disse da importância de mudar a visão que você tem a respeito das coisas que acontecem com você?

Então, esse exercício é muito bom para isso.

Ele faz você olhar para o que você tem e você, aos poucos, vai parando de dar importância para o que não tem. Não podemos focar em duas coisas ao mesmo tempo e pensamentos são coisas! Para ver uma, você tem que parar de olhar para outra. E neste momento que estava ali , diante daquele problema, acho que me veio a clareza, criei consciência que antes eu não tinha e que foi por isso que me deu a vontade incontrolável de agradecer.

Depois disso fiz uma promessa pra mim mesma, que ia organizar aquelas roupas de qualquer maneira, trabalharia até mais tarde, acordaria mais cedo, enfim, eu estava disposta a acabar com aquele problema de vez, e me tornar organizada de forma que, nunca mais eu veria tanta roupa daquele jeito.

Lembra que falei das duas formas de plantar um pensamento, uma informação na sua mente de forma a não esquecer mais?

Esse foi um caso, pois como eu estava muito emocionada, o que eu determinei para minha vida naquele momento se tornou ordem. Foi uma semente plantada que germinou e atua em minha vida até hoje. E é um dos ensinamentos que ensino os meus filhos e todos os meus consultantes que precisam de organização na vida.

A partir de então comecei vendo como eu poderia resolver aquele problema de forma organizada e que me trouxesse resultado rápido.

Coloquei em pratica as acões que achei necessárias para acabar com o acúmulo daquelas roupas de forma a organizar de forma que eu pudesse manter. Nunca mais acumulei roupas sujas daquele jeito.

Acredito que foi minha primeira vitória!!!!

E conto essa história porque acredito que foi ali, tomando aquela **DECISÃO** de que eu iria fazer tudo o que estivesse ao meu alcance para resolver aquele problema, que comecei de forma efetiva, mudar a minha vida, de uma vez por todas.

Sei que parece uma coisa boba, mas para mim, tomar aquela atitude fez toda a diferença, pois era um problema que já vinha se arrastando a muito tempo. E às vezes, achamos que vamos conseguir mudar nosso rumo através de um determinado caminho, e na verdade descobrimos que não.

Então peco para você leitor que tenha paciência consigo e olhe para todos os problemas com muito carinho, pois às vezes, o que você menos dá valor, é o que vai ajudar você a começar uma nova história.

Aqui eu contei um problema cotidiano de dona de casa, mas acredito que esse tipo de atitude pode funcionar para qualquer problema.

Resolver este problema me ajudou a resolver muitos outros, simplesmente porque mudei a forma de olhar.

Por incrível que pareça, me veio muita clareza a partir daí até hoje, e sou muito grata por aquela situação.

Às vezes estamos passando por problemas que não entendemos, que achamos que não é nossa culpa. Mas talvez você não goste do que vou dizer aqui, mas tudo que acontece em sua vida é responsabilidade sua, total! Foi entender e aceitar esse fato como verdade que me fez querer resolver o problema das roupas sujas.

Aceitei que era minha responsabilidade e que só eu poderia resolver. Sei que essa informação não é muito agradável e nem fácil de digerir, mas foi aceitando-a que consegui o resultado que desejava.

Autorresponsabilidade

Você não tem nocão de como resolver esse problema doméstico me ajudou a abrir a minha mente para mais soluções.

E eu descobri o segredo por trás do meu sucesso com as roupas!

Autorresponsabilidade!

Depois que assumi a responsabilidade por meus todos os meus resultados, ruins e bons, comecei a busca por ensinamentos que me ajudassem a me entender melhor.

Sim, até que enfim comecei a buscar a mudança em mim. E foi aí que as coisas realmente mudaram e dessa vez, definitivamente, só que não!

Eu ainda precisava aprender mais algumas coisinhas.

Isso é importante você entender: como eu estou me sentindo internamente, dita como meu mundo externo se apresenta. E não importa o que você sabe, importa o que você sente. É no mundo invisível que estão todas as soluções.

Tudo que eu aprendi, eu queria passar para frente, queria ensinar, ficava muito entusiasmada com tudo que vinha aprendendo. Sempre achava colocação para a vida das pessoas.

A partir disso, eu comecei a ensinar minha família. Ensinava meu esposo, esperando sempre que ele mudasse seu jeito de ser, porque eu achava que era ele quem tinha que mudar, que eram os meus filhos que tinham que melhorar, que eram as pessoas que estavam próximas a mim que tinham que ser diferentes, que teria que mudar de ambiente, enfim, já deu para perceber onde isso vai dar.

O que eu aprendi?

Não adianta você mudar de casa se é a mesma pessoa que está se mudando!

Ai! Essa doeu!

Às vezes, nós nos mudamos de casa, de emprego, de namorado(a), esposa(o), amigos, e percebemos que as coisas não mudam, tem vezes que até pioram. Sabe porquê? Você não mudou a única pessoa capaz de fazer alguma coisa, **Você**.

"Não podemos resolver um problema se estivermos no mesmo plano de pensamento que o criou". (Albert Einstein)

Você sabe pensar?

Depois de todo o conhecimento e experiencia que havia vivido, ainda eu tinha mais descoberta para fazer, pois ainda havia coisas em minha vida que me desagradava. Então continuei minha procura.

Uma das coisas mais incríveis que descobri foi que **você é o que você pensa a maior parte do tempo!**

O conjunto de pensamentos que mais ocupam sua cabeça é o que determina quem você pensa que é. E o que você pensa sobre você se expande para o mundo! Os outros te vêm como você se vê.

É eu sei, isso fundiu minha mente, mas fez total sentido para mim. Meu Deus!!!!!

Cada descoberta dessa, me deixava eufórica!

Eu não falava em outra coisa, acho que meu

esposo e meus filhos não aguentavam mais ouvir falar de tudo isso, eu corria que nem uma louca para eles toda vez que fazia uma descoberta dessas.

Eu realmente me encanto com todo esse conhecimento!

Por isso eu pedi antes para o leitor abrir a mente, porque acredito eu que esse conhecimento não é falado nas nossas rodas de conversa do cotidiano, deveria, mas não é.

Desde então, tudo fez muito sentido para mim, pois consegui encontrar verdade em tudo! Eu fui aprendendo e encontrando provas.

Tudo que você vive em sua realidade foi criado primeiro em sua mente, você pode não concordar com isso, e eu entendo, mas é uma verdade universal. E se você continuar sua procura pela verdade, você vai se deparar com o fato de que seus pensamentos moldam sua realidade, é só uma questão de tempo.

Saber que meus pensamentos criam minha realidade foi assustador, mas também muito esclarecedor para mim, pois comecei a buscar dentro da minha mente que tipo de pensamentos eu tinha sobre determinada situação. Observava os resultados que eu vinha tendo e a partir dessa percepção, detectava que tipo de pensamento eu estava tendo em relação ao resultado em questão. Assim ficou mais fácil para eu me encontrar.

Me senti totalmente livre com essa descoberta, pois se o que eu estava vivenciando era criado por mim, eu ia poder criar outra coisa no lugar!

Não é fantástico?

Eu não dormia! Meus pensamentos eram só sobre como eu ia pensar dali para frente.

E lembra o sentimento de culpa que falei mais acima, então, consegui identificá-lo depois desse estudo sobre o pensar. E a percepção da bagunça mental foi a partir daí também.

Descobri também que tudo que você conseguir formar em sua mente você consegue realizar. E isso não é ficção ou conto de fadas, é a mais pura verdade, vivo isso o tempo todo e posso provar.

Imagina só você saber de tudo isso?

É um pouco chocante, eu sei, mas também é libertador.

A prova viva de que tudo que existe em nossa realidade foi formado primeiro na mente de alguém está na imagem de uma cadeira, por exemplo, ou de qualquer objeto que você queira usar como exemplo. Para ela ser fabricada, ela teve que ser formada na mente de alguém. Primeiro ela foi imaginada!

Um quadro de um artista também.

É necessário o artista imaginar o desenho, e é depois que ele passa para o papel, ou para a tela. Tudo o que vemos em nosso mundo físico foi pensado por alguém! Uau!!!!!!

Um arquiteto quando faz um projeto de uma bela casa, primeiro todo o projeto é feito na imaginação do arquiteto. Ele primeiro pensa na casa, nos detalhes e depois passa o projeto para um papel ou computador e só depois é passado para os outros profissionais que irão trazer para a realidade física tal projeto.

Eu posso citar também um exemplo do cotidiano que prova na pratica o nosso poder criador.

Quando você vai cozinhar algum alimento ou fazer algum prato específico, você vai lembrar que, primeiro você tem o desejo de fazer algo bem gostoso, depois você define que tipo de comida é e depois você visualiza em sua mente como o prato vai ficar depois de pronto. A partir daí que você começa a cozinhar.

Tudo na natureza segue uma ordem.

E se isso ainda não prova nada para você, observe na sua vida algo que você pensou e aconteceu, acredito que vai conseguir identificar um monte de coisas.

Aqui estou apenas apresentando alguns pontos que fizeram toda diferença em minha vida. Trazer tudo isso à minha percepção foi crucial.

Imagine agora eu sabendo de tudo isso?

Não dava mais para voltar atrás, então, continuei os meus estudos e implantei tudo que fui aprendendo. Desta vez em minha própria vida!

Conhecereis a verdade e ela vos libertará. (João 8:32)

Essa frase fez todo o sentido neste momento, e eu já vinha procurando por ela há bastante tempo, em vários lugares, mas em nenhum desses lugares ela fazia tanto sentido assim. Você vai entender mais a frente o que quero dizer.

Nós nos tornamos aquilo em que pensamos!!!!

E pensar não quer dizer atividade mental. Pensar é energia focada!

Comecei identificando os pensamentos que eram dominantes em mim, os que eu pensava com maior recorrência, por exemplo, se eu achava que eu era uma pessoa de sucesso ou se eu era uma pessoa fracassada.

Existem vários tipos de pensamentos, mas todos eles vão pender para um lado só. Se você acredita que pode e se você acredita que não pode, você estará 100% certo, pois o que você acredita que é verdade sobre você, é o que vai permanecer ativo em sua mente e consequentemente aparecerá em sua realidade!

Você sabia que de 70 a 80% dos pensamentos que você pensou hoje são os mesmos de ontem? É isso mesmo! Então cabe a você escolher que tipo de futuro quer criar.

Felizmente é isso!

Então você precisa começar a observar em sua mente o que é verdade para você! O que faz sentido, o que não faz. O que está de acordo com seus sonhos e o que não está de acordo. Não tem como obter mudanças sem passar por esses passos.

Não era exatamente o que eu estava falando, mas achei importante acrescentar.

E mais a frente vou explicar porque você tem esses pensamentos e porque você às vezes não concorda com os mesmos. Vai ser interessante!

Voltemos então ao ponto onde eu falava da mudança interna e mudança externa.

Há um ditado que gosto muito de falar pois existe muita verdade nele.

"Quando você quiser mudar o mundo, comece mudando a si mesmo".

Se você ainda não se convenceu de que é responsável pelos resultados em sua vida, use essa frase para observar e prestar atenção ao que você mais sente e acredita que é verdade. Aos poucos tudo que você vive se confirmará através dessa observação. Foi assim que aceitei essa verdade em minha vida.

Por exemplo, se você acredita em sua realidade que nasceu para ser pobre, nunca será rico.

Se acredita que é gordo, nunca será magro.

Se acredita que ganhar dinheiro é difícil, sempre será sacrificado para você ganhar dinheiro.

Tudo isso é explicado através da famosa Lei da Atração!!!

Consegue entender onde entra você na sua história?

Isso prova que tudo parte da sua mente, dos seus pensamentos, do olhar que você dá às coisas.

E é assim, observando a si mesmo que você vai conseguir mudar sua vida! Se caso for isso que procura, é claro!

Lembra que falei mais acima a respeito de mudar a forma como você vê as coisas?

Pois isso se encaixa perfeitamente aqui. Para você conseguir mudar algo em sua realidade, tem que começar a olhar para o outro lado, precisa começar olhar para o pensamento contrário se caso o que você tiver pensando for ruim. É preciso olhar para outra direção! Consegue perceber?

Tudo no universo é dual, tudo tem duas polaridades. O negativo e o positivo! Portanto se quiser mudar algum significado em sua vida tem que olhar para a outra extremidade. Por exemplo, para você parar de perceber o frio, precisa começar a pensar no calor, certo?

Pensamentos são coisas, e como diz na física, não dá para por uma coisa no lugar onde já tem algo. É necessário tirar um para por o outro.

Eu fiz exatamente isso quando estava buscando por melhorias em minha vida financeira. Percebi que eu olhava somente para a falta de dinheiro. Eu olhava o que eu não tinha, portanto, eu trazia para minha realidade mais do mesmo. Mais situações que comprovasse aquela realidade vista por mim naquele momento. Ou seja, se eu enxergava falta, era mais falta que eu criava. Toda emoção se alimenta de si mesma, por isso buscamos sentir sempre a mesma coisa. E isso é inconsciente, está na sua programação. Falaremos disso mais a frente.

Tudo que você foca aumenta!

E focar quer dizer colocar energia concentrada, como se fosse uma lupa mesmo.

Por isso colhemos mais do mesmo, porque focamos no que não queremos, e se é o pensar que cria a nossa realidade e nosso pensamento é de falta, teremos mais falta!

Sei que é muita coisa, mas é a pura verdade, e foi aprender tudo isso que me ajudou.

Aqui vou deixar um exercício que fiz que também pode ajudar você a identificar o que você quer em sua vida.

Pegue uma folha de papel e faça duas colunas, na primeira coloque tudo o que você NÃO quer em sua vida, isso mesmo, escreva o que **NÃO** quer.

Depois de fazer a lista do que **não** quer mais em sua vida, escreva bem na frente de cada item mencionando agora o contrário.

Por exemplo:

Não quero ser pobre	Quero ser rico
Não quero ser doente	Quero ser saudável
Não quero bagunca	Quero organizacão
Não quero ser gorda(o)	Quero ser magra(o)
Não quero ser triste	Quero ser feliz

Esse é só um exemplo, você pode colocar o que achar melhor.

Depois de fazer essas duas listas, passe para outra folha somente o que você quer, isso vai ajudar você a olhar para o que realmente quer e vai ajudar você a diminuir o foco no que **não** quer.

Eu aprendi com a neurolinguística que o nosso cérebro não reconhece a palavr**a não**, então não adianta você focar no que não quer, você vai atrair exatamente isso.

Essa atitude ajudará você a obter uma nova perspectiva, direcionando agora para o que você quer.

Consegue perceber que focamos a maior parte do tempo nas coisas que não queremos?

Pelo menos eu focava a maior parte do tempo no que eu não queria. E ainda reclamava da vida

O nosso pensamento é como uma semente, e nossa mente é o solo e o nosso coração, que por onde sentimos as emoções mais elevadas é o adubo que faz a planta crescer.

Você sabia que o coração é o primeiro órgão a ser formado quando uma criança é concebida? Eu sou mãe, então isso fez muito sentido para mim.

É através do coração que mantemos uma conexão com Deus. E isso explica porque o desejo de mudar a minha vida era persistente.

Quando pensamos em uma certa situação e levamos aquilo para o coração, essa semente começa a germinar, e quanto mais pensamento você dedica a essa situação, mais ela cresce e os frutos que você vai colher vai ser equivalente ao pensamento que plantou. Entende?

VOCÊ COLHE O QUE PLANTA!!!!

Quando me dei conta disso tudo, meu Deus! Fiquei tão maravilhada que corri contar para meu esposo que agora eu sabia como mudar nossa vida. Me lembro da feição dele me olhando como se eu fosse louca!!! Foi muito surreal para mim, porque tive a certeza de que mudaria minha realidade! Você deve estar se perguntando: mas de novo ela encontrou a resposta?

E eu digo a você que cada parte foi muito importante para o meu processo de entendimento e mudança. Fui aprendendo uma coisa de cada vez. Mas a cada aprendizado eu me maravilhava. Não consegui passar de outra forma. Foi isso mesmo que todo esse conhecimento representou para mim. A forma que estou passando aqui é exatamente a forma que experienciei. Tudo para mim foi surpreendente e é até hoje!

Foi uma descoberta incrível que eu espero que te ajude também, pois minha vida nunca mais foi a mesma desde então!

Minha vida até hoje é moldada a partir desse entendimento e posso te dizer que está dando super certo!

MEUS PENSAMENTOS MOLDAM MINHA REALIDADE!

Eu estudei muitos assuntos como disse antes, mas estou trazendo aqui as informações mais relevantes para quem quer uma forma prática e fácil para instalar novas informações em sua mente.

Sei que fácil não é, mas se eu consegui você também consegue!

Esses passos que dei, se você leitor já colocar algum deles em prática, mesmo não sabendo nada sobre isso, você já obterá novos resultados, tenho certeza disso!

Mantenha a mente aberta!

Depois de entender todo esse negócio de que o pensar cria nossa realidade, comecei a observar que muitos dos meus pensamentos não eram meus e isso me deixava confusa, mas como eu estava determinada a continuar fui buscar mais informações.

Mantive minha mente aberta e resolvi não questionar e nem rejeitar as informações que pudessem chegar até mim. Simplesmente optei por colocar em prática o que estava de acordo comigo e com os resultados que eu queria obter, e o que não estava de acordo, eu descartaria.

Essa foi a definição que encontrei para o que é certo e errado!

Ë assim que instruo os meus filhos. Eles me fazem uma pergunta em relação ao que é certo ou errado e eu os oriento a olhar se o que eles escolheram está ou não está de acordo com o que eles querem para a vida deles, e assim eu os ajudo a definir o certo e o errado.

Gente, não existe certo e errado!

Existe o que está de acordo ou o que não está de acordo com a vida que você quer viver, simples assim.

E assim comecei pela busca do entendimento!

Encontrei duas respostas que vou explicar a partir de agora.

Uma delas é que somos seres PROGRAMADOS!

É eu sei, estava tudo muito tranquilo até agora, daí eu venho com essa!

Pois é, essa foi uma informação que eu encontrei e que se tornou verdade para mim. Descobri então o consciente e o subconsciente.

Eu pedi antes para que tenha a mente aberta, então não julgue essas informações antes de terminar toda a leitura.

Através dos meus estudos, encontrei conteúdo sobre tudo, inclusive mentalidade e reprogramação mental. Eu queria mesmo mudar a minha vida. E trocar as informações que eram verdades para mim era crucial.

Minha cabeça não pensava em outra coisa, a não ser entender como tudo isso funcionava. Eu queria fazer algo diferente para obter resultados diferentes. Eu só pensava nisso. Eu queria saber como minha mente funcionava e o que isso tinha a ver com meus resultados.

Vou me antecipar aqui, que tem tudo a ver!!!!
Primeiro comecei citando casos cotidianos para começar a explicar como nasceu em mim a vontade de mudança.
E a partir daí me deparei com muitas outras situações que me fizeram pensar.
Já citei aqui que eu trabalhava com marketing multinível e isso me colocava em contato com muitas pessoas. E eu usei esse trabalho como estudo também, pois eu passei a observar mais as pessoas, os comportamentos, os hábitos dessas pessoas.
E tudo o que eu vinha estudando se confirmava.
Eu tinha contato com todos os tipos de pessoas, de todas as classes, tipos de famílias diferentes, religião diferente, enfim, vários pontos de vista diferentes. Porém havia um ponto comum entre todos que conhecia, a

busca incessante por melhorias em sua vida financeira, assim como eu e minha família. E era por isso que eu trabalhava com marketing multinível, que até então era por onde eu achava que iria mudar minha situação financeira.

Eu gostava muito do meu trabalho e estava me tornando boa naquilo. Eu era boa, mas não tinha um resultado expressivo, comecei a perceber que não era com aquele trabalho que iria transformar a minha vida. Descobri também que as pessoas querem sim melhorias em suas vidas, mas simplesmente não querem fazer o necessário para que tal coisa aconteça. Não querem pagar o preco. E eu não as culpo por isso.

Lembra do cérebro reptiliano, que escolhe pelo conhecido sempre?

Por isso procrastinamos, mas isso pode ser mudado.

Saber que as pessoas têm esse poder nas mãos, mas que simplesmente não usam, me incomodava demais. Tinha dia que eu chegava indignada em casa e comentava com meu esposo:- como podia as pessoas aceitarem pouco em suas vidas. Eu não entendia.

Elas queriam uma vida abundante, mas preferiam continuar passando pelo mesmo caminho.

Pois elas não sabem como passar por um novo caminho. Elas não sabem que podem criar um novo caminho! E é por isso que eu resolvi escrever esse livro.

Eu quero mostrar para o maior número de pessoas que elas têm o poder de transformar suas vidas a hora que quiserem!

Elas têm o poder da escolha, mas não sabem. Imagine quando eu descobri tudo isso, eu queria ajudar as pessoas a se descobrirem também, eu queria falar para elas tudo o que eu havia descoberto, mas entendi que não era daquele jeito que eu iria ajudar, não ia adiantar eu falar para elas tudo o que eu havia aprendido, pois a informação chega para aqueles que estão buscando por ela. Ela vai de encontro a quem está preparado para ela.

Então como não podia ainda ajudá-las de forma efetiva, continuei com os meus estudos e eu descobri porque elas se comportam dessa maneira, porque quando elas se deparam com um novo caminho, decidem pelo conhecido.

Isso ocorre devido a programação mental que elas tiveram, isso mesmo, como já disse antes, somos seres programado por todas as informações que nos rodeia. Nós captamos informações de todos os lados, com todos os sentidos, desde que somos bebês. O ambiente que vivemos ou frequentamos influencia nossa vida, pois estamos capitando informações de todos os lados através dos nossos sentidos. E é exatamente isso que o estudo de reprogramação mental provou para mim.

Então descobri que não tem nada de errado com as pessoas, elas são capazes de mudar sua realidade. Elas só não sabem disso! Elas só não sabem como! Elas não sabem que é possível para qualquer pessoa, uma vida abundante, próspera e feliz.

Mas o meu intuito aqui é deixar para você leitor uma orientação prática e fácil para que você consiga ao menos olhar para outra direção! Como disse antes, mudar o olhar mudará tudo, te garanto!

Programados?

Eu também não sabia que somos seres programados, e quando comecei a buscar por esse conhecimento fiquei um pouco chocada, mas logo tudo começou a fazer sentido.

Entender sobre como essa programação mental que temos funciona é importante, mas já te adianto que não é isso que vai mudar sua vida, isso vai te dar um começo, porém é um conteúdo que tem que ser explicado para que mais na frente o entendimento aconteça.

Nós somos programados de várias formas e meios.

95%de nossas acões cotidianas são baseadas nas nossas programações que estão instaladas no nosso subconsciente, e somente 05% delas são do nosso consciente. Incrível! E esse é um dos motivos que impedem as pessoas de alcançarem seus sonhos. Explicarei mais adiante.

Quando éramos crianças, tudo que ouvíamos dos nossos pais, experiências específicas que vivenciamos e exemplos de pessoas próximas, formaram o nosso modo de pensar e agir.

Somos programados em nossa casa no convívio familiar, na rua, na igreja, na escola, na TV, nos lugares que frequentamos. Tudo que experienciamos e captamos com nossos cinco sentidos, são como programas de computador que passam a ser os nossos comandos.

Nossa vida é moldada pela forma de pensar de outras pessoas. Isso mesmo que você leu, você não pensa por você próprio, você pensa o que foi programado em você.

Aqui estou sendo breve, mas se quiser se aprofundar mais nesse assunto, há estudos científicos que provam essas informações.

Quando comecei a estudar isso, comecei a analisar meus resultados e a maneira que eu fazia as coisas.

Me observei como mãe e como esposa e percebi que muitas coisas que eu fazia eram iguais aos da minha mãe, exatamente igual. Muitas das minhas opiniões não eram minhas, eram repetições do que eu ouvia em casa. Então comecei a ver que aquela descoberta também era uma verdade e eu quis mudar isso.

Eu andava me sentindo muito triste nessa época porque eu me comportava de um jeito que para mim não era agradável. Eu não gostava da pessoa que estava me tornando. Esse foi um dos motivos que me moveu em busca desse conhecimento, pois eu não gostava do rumo que minha relação com meus filhos estava tomando. Eu não queria os resultados da minha mãe para mim, eu queria os meus próprios. Eu queria pensar por mim mesma.

Perceberam que eu estava determinada a conseguir?

Por isso busquei por tantos assuntos.

Eu amo minha mãezinha, que hoje já está com O TODO, mas realmente havia coisas que ela fazia que eu não concordava, mas eu me via fazendo a mesma coisa e observar e aceitar isso fez toda diferença! Porque a partir daí comecei a agir melhor com as pessoas que eu amava, a partir daí minha convivência com meus filhos melhorou muito.

Eu andava muito estressada nesta época e sempre que meus filhos faziam algo errado eu batia neles, eu xingava e isso me fazia muito mal, me deixava muito triste, mas muito. Eu me sentia uma covarde, e quer saber, realmente nós somos covardes, pois nós temos o poder de fazer diferente sempre que quisermos, mas sempre optamos por fazer o mais fácil.

E isso já não era uma opção para mim, pois eu queria muito resultados diferentes, então eu não podia mais continuar fazendo as mesmas coisas.

Eu precisava melhorar a minha vida e assim apresentar um futuro melhor para os meus filhos.

Não foi fácil trocar esses hábitos horríveis, mas a minha vontade de obter resultados diferentes era tão grande que eu lutava persistentemente comigo mesma para não cometer os mesmos hábitos. É uma luta constante, pois nosso cérebro sempre vai escolher por realizar o hábito que já está instalado dentro de nossa mente, pois o objetivo dele é conservar energia para a sobrevivência. Ele não quer que façamos algo novo, pois gastamos muita energia na implantação deste novo. Mudar um hábito requer muito esforço e persistência.

Sei que isso não é muito fácil de aceitar, mas é a pura verdade e se você parar para observar sua vida, vai encontrar resquícios disso que estou falando. Vai notar muitos comportamentos que são iguais aos de outra pessoa, seu pai, sua mãe, parente, colega.

Enfim, geralmente é uma pessoa que tem forte influência sobre você. Mas o bom, é que você pode mudar isso a hora que quiser. A única coisa que está sobre o seu controle é a sua própria mente. E você pode rejeitar qualquer informação que você não quer que entre dentro dela. Mas para isso você precisa expandir sua consciência.

Quando nascemos, nascemos com uma mente totalmente aberta, não rejeitamos nada que chega até nós. Lembrando que mente e cérebro são diferentes. O cérebro é um processador de informação, semelhante a um computador, para ele funcionar é necessário que tenham os programas. Nosso subconsciente é como um disco rígido que serve para guardar informações, e é aqui que são instalados nossos programas.

Eu vou usar uma analogia de uma esponja que quando é colocada em contato com uma poça de água, absorve toda ela.

E é exatamente assim que funcionamos e que é instalado os programas em nossa mente. Somos uma esponjinha até os 7 anos de idade, até essa idade nossa mente está totalmente aberta e receptiva, ela não rejeita nada. Tudo que nos rodeia é captado e gravado em nossa mente, sem filtro nenhum, absorvemos exatamente tudo. Depois dessa idade a nossa mente analítica já começa a se formar. Começamos a questionar mais.

Mas pense comigo!

Se nós somos programados desde que nascemos e os programas são instalados a partir das experiências e informações vinda dos nossos pais e pessoas que convivemos, vai adiantar termos uma mente analítica?

Sim, porque com sua mente analítica, você pode questionar o que você quer e o que não quer em sua vida, mas quanto mais você demora para fazer isso, mais difícil vai ficando.

Vou explicar melhor!

Tudo o que vivemos em nossa realidade é formado pela nossa mente, e se o que temos em nossa mente é informação colocada por outras pessoas, então a realidade que você vive, não foi você quem criou, certo?

Sei que isso é chocante, mas é a mais pura verdade!

Há um estudo que está no livro do Dr Joe Dispenza - **"Quebrando o hábito de ser você mesmo"**, que diz que até os 35 anos de idade nós usamos nossa mente analítica para mudar alguma coisa, depois dessa idade, tudo fica no automático. Ou seja, passamos a fazer tudo igual a todos, todos os dias, do mesmo jeito e a mudança vai se tornando cada vez mais difícil, sendo necessário, às vezes, um acontecimento de forte impacto emocional.

Então vou dizer como fiz para entender essas informações.

Eu fiquei muito chocada quando descobri que boa parte da minha vida não foi eu quem criou, mas ao mesmo tempo, fiquei eufórica por saber que a partir dali eu poderia começar a viver por mim mesma.

Para eu acreditar nessas informações e torná-las verdade em minha mente, comecei a observar minha vida até ali, e fiz alguns questionamentos em relação a tudo que me ensinaram. Comecei a ver se tudo o que ensinaram me aproximava ou me afastava da vida que eu queria levar. Olhava para a vida de meus familiares e via que não era aquele futuro que eu queria para mim. Eu me questionava dia e noite a respeito disso, pois eu sinceramente não achava que as pessoas tinham que viver a mesma vida só porque eram da mesma família. E ao mesmo tempo eu me via vivendo da mesma forma que a maioria das pessoas que eram do meu convívio.

Por isso optei por aprender novas coisas e novas formas de se viver a vida, agora de acordo com o que eu esperava.

Eu consegui enxergar que meus pais me ensinaram o que eles aprenderam, ou melhor, o que foi programado neles e eles não tiveram a oportunidade que eu e você estamos tendo, de acessar informações tão valiosas e esclarecedoras.

Como eu estava decidida a mudar minha vida de uma vez por todas, agarrei-me nessas lições preciosas e comecei a trazer para minha vida.

Agradeci todo o conhecimento que meus pais me deram, agradeci por terem me criado, por terem me ensinado valores que carrego comigo até hoje, mas decidi mudar minha programação a partir dali.

E isso foi libertador para mim, me lembro com muito carinho dos ensinamentos dos meus pais e pessoas que passaram pela minha vida, mas daquele momento em diante eu iria tomar o controle do meu barco. Eu decidi ser o protagonista da minha história e não mais um coadjuvante. Isso foi como tirar uma mochila cheia de tralhas das minhas costas.

E isso não aconteceu do dia para noite, eu já estava estudando há um ano e meio e ainda não havia tomado essa decisão, isso porque havia crenças em mim que me bloqueavam, me faziam acreditar que eu estava errada em deixar os ensinamentos dos meus pais de lado, mas isso não tem nada a ver. Por isso digo mais acima que agradeci pelos ensinamentos, pois tive a percepção de que aqueles ensinamentos não me serviam mais e está tudo bem com isso, portanto segui em frente. Nós precisamos ter a coragem de encerrar os velhos ciclos para que os novos façam parte de nossa vida.

Buscando novas referências

Eu estava disposta a mudar minha programação para construir a vida que eu desejava viver. Nunca gostei da ideia de meus resultados dependerem de outras pessoas.

Segui em frente e passei a buscar por pessoas que estavam vivendo a vida que eu queria viver, como não havia essas pessoas próximas a mim e que pudesse passar tal conhecimento, fui para internet. Pois você não precisa conhecer as pessoas pessoalmente, basta entrar em contato com o conhecimento delas.

E foi isso que eu fiz e através das minhas buscas que encontrei um vídeo no canal do Tiago Borges, que é sobre coaching internacional (atividade de formação pessoal), onde ele traduz vídeos que ensinam crescimento pessoal. E foi um dos presentes do universo para minha vida, porque foi através desse canal que conheci o maravilhoso Bob Proctor. Este homem com seus ensinamentos ajudou a mudar quem eu era para quem sou hoje, por isso digo que foi um presente!

Bob Proctor participou do filme **"O Segredo"** de Rhonda Byrne.

Onde em minha sã consciência na vida que eu levava, ia me deparar com ensinamentos de pessoas de tamanho sucesso? Nunca né!

E o que me fez encontrar essas pessoas foi o poder da decisão.

E Bob Proctor foi o primeiro, mas eu tenho uma lista enorme de pessoas de sucesso que estudo e acompanho até hoje.

Mas foi só eu me abrir para novos conhecimentos que tudo veio até mim, exatamente tudo. Estudei e estudo só pessoas de sucesso!

Em um dos vídeos do Bob Proctor, ele ensina uma outra analogia sobre nossa mente que me ajudou a entender melhor a questão da programação.

Ele compara a nossa mente a uma fita cassete, os mais velhos vão saber do que se trata! É como se fosse um pen drive nos dias de hoje. Quando ele é entregue a nós quando criança, ele vem gravado com crenças, conceitos, comportamento, atitudes, respostas, resultados, enfim, tudo que te guia na sua vida até hoje.

Achei essa analogia um tanto interessante, porque cheguei a usar fitas cassetes na minha adolescência e elas eram bem interessantes.

A gente comprava uma fita com determinadas músicas e se você tivesse um gravador, era possível regravar por cima outras músicas se caso você tivesse enjoado daquelas, e foi isso que me chamou a atenção nesta analogia.

Pense comigo, se você tem uma mente que foi programada e você sabe que pode trocar as informações a hora que quiser, isso não te deixaria animado?

Foi o que aconteceu comigo! Pirei a minha cabeça quando descobri isso! A mudança agora para mim era totalmente possível, pois dependia só de mim trocá-las. Eu fiquei muito empolgada. Aliás isso é algo que me empolga sempre que toco no assunto, adoro falar sobre isso! Fico maravilhada com essa possibilidade grandiosa!

Saber que eu posso apagar em minha mente o que não me serve e gravar novas informações no lugar é libertador.

E saber que posso usar o que me servir e o que não servir, regravar por cima, é fantástico!

Saber que posso trocar meus pensamentos a hora que eu quiser! Meu Deus!

A partir deste dia, deste entendimento, comecei a melhorar meus hábitos, minhas atitudes, minhas crenças e tudo o que eu quisesse mudar para melhorar meus resultados, inclusive minha programação.

A nossa programação é instalada em nossa mente através dos nossos cinco sentidos, ou seja, tudo que está a nossa volta, como disse antes, tudo que vemos, ouvimos, lemos, cheiramos, tocamos.

Todos esses sentidos nos geram sensações/pensamentos que, associados a um sentimento, se transformam em uma emoção, que consequentemente se transforma em uma memória. E é assim que nossa mente é programada. Exatamente isso que você leu, tudo que você experienciou que gerou emoção, se tornou memória sua. E são essas memórias que estão rodando no seu programa até hoje. São essas memórias que causam dependência emocional e bloqueios.
Os pensamentos são a linguagem do cérebro e os sentimentos a linguagem do corpo.
As emoções sempre tem o maior poder sobre nós, elas sempre vão vencer porque fazem parte de um programa que funciona perfeitamente.
Por isso tive que explicar sobre programação antes, para que você consiga o entendimento

de tudo que está sendo passado aqui. Sei que são muitas informações, mas são necessárias para sua expansão de consciência.

E tudo isso que estou dizendo, eu comprovei na minha própria vida no convívio com meus filhos. Notei que causamos dependência emocional neles sem perceber, unindo um ato físico ligada a uma emoção! Hoje trabalho para mudar essa programação que eu mesma instalei neles.

Eles já crescerão com a consciência expandida, evoluída.

Contei muitas coisas para você aqui, porque preciso provar o que estou dizendo. Que realmente esse conhecimento existe e ele pode transformar a vida de qualquer pessoa que se apossar dele e usar na sua vida!

Quero chamar a sua atenção para um ponto importante!

Eu só consegui começar a transformar a minha vida realmente, a partir do momento em que me abri para esse conhecimento e me propus a incorporá-lo em minha mente, transformando assim, a minha realidade a partir de um novo olhar, de um novo PENSAR.

Aprendi então a pensar de acordo com a vida que eu queria viver.

Exatamente, quando você passa a olhar sua realidade com outros olhos, você passa a ver uma outra realidade também.

Hoje em dia, tudo que se apresenta para mim eu não julgo e não descarto, apenas aprendo!

Assuma o controle!

Até aqui eu falei um pouco de como nossa mente funciona e como podemos fazer para direcioná-la rumo a vida que queremos. Então onde está a dificuldade?

Eu já vinha obtendo mudanças em minha vida bastante significativas. Consegui encaminhar a minha vida financeira que até então, era o meu maior propósito. Eu vinha me espelhando na vida de outras pessoas para alcançar tais resultados e acabei percebendo que eu não estava no controle da minha vida, eu só estava rodando em uma programação mais sofisticada, vamos dizer assim. E agora eu lhe faço uma pergunta.

Que diferença tinha da minha programação e da nova programação?

Somente as informações, que por sinal foram muito importantes para que eu conseguisse iniciar algumas mudanças. Mas ainda assim eu estava vivendo sobre os termos de outras pessoas.

E porque estou explicando tudo isso?

Porque eu ainda vinha sentindo com muita força, aquele sentimento de insatisfação que eu citei no começo dessa história.

E isso me incomodava demais.

Então parei para me observar novamente e percebi que eu ainda não havia encontrado o meu verdadeiro propósito com tudo aquilo.

E eu descobri através dessa insatisfação que o meu real problema não era financeiro.

Então tive que me por a pensar o porque eu ainda estava insatisfeita, porque eu não sentia que estava tudo bem e pronto?

E para que isso acontecesse eu teria que encontrar o verdadeiro QUERER em minha vida, e foi aí que encontrei a dificuldade.

E isso não foi muito fácil de definir, por que ainda eu tinha muitas crenças limitantes e minha programação antiga ainda era muito presente em minha vida.

E sempre que eu chegava nessa questão de saber o que eu queria para o futuro e para onde eu estava indo, eu travava.

E lembra que eu disse lá atrás que demorei um ano e meio para realmente iniciar a mudança em minha vida?

Pois um dos motivos que me paralisou foi exatamente não conseguir identificar o que eu queria realmente, porque até então, o meu objetivo era ter mais dinheiro para arrumar minha vida financeira, mas a minha vida financeira começou a melhorar e foi aí que tudo ficou confuso para mim.

Porque a insatisfação ainda fazia parte de mim. E se eu ainda estava insatisfeita era porque eu ainda não tinha evoluído completamente.

Mas eu fiquei um tempo empacada aqui neste ponto, pois para continuar evoluindo eu precisaria encontrar de forma clara e objetiva o que eu queria para minha vida.

E o que eu queria seria determinado pelo que era verdade para mim, então eu tinha que descobrir quais eram as minhas verdades!

E todo esse conhecimento que eu fui encontrando nesse processo de autoconhecimento me ajudou muito a definir essas verdades. Sem essas informações talvez eu nunca teria chegado a tais conclusões.

Em busca de saber o que eu queria, me deparei com uma frase que me ajudou a pensar melhor:

"SE VOCÊ NÃO SABE PARA ONDE QUER IR, QUALQUER LUGAR SERVE!"

Esta frase me deixava muito pensativa pois ela é uma verdade incontestável. E isso me deixava frustrada, porque parecia que tudo que eu estava aprendendo e colocando em prática não valia de nada. Mas essa era só uma perspectiva errada que eu estava tendo das coisas.

A única coisa que eu sabia, era que eu queria me sentir melhor e ter uma vida diferente, mas isso era muito amplo.

E quanto mais específico você for, melhor é para você alcançar seus objetivos. E isso eu não estava sendo, eu não era específica para com os meus sonhos.

Uma das coisas que dificulta a resposta a essa questão de saber o que se quer é a programação mental, que eu já expliquei antes e as crenças limitantes, pois elas nos impedem de ver a vida com os nossos olhos, mas eu cheguei a um entendimento que me ajudou a vencer tudo isso. Explicarei mais adiante.

Saber quais são suas crenças não vai mudar a realidade que já se apresenta para você, por isso não adianta.

Na verdade, você não alcançará nenhuma mudança olhando para a realidade que já está instalada, pois já é resultado. É preciso olhar para a causa! E já que minha realidade é formada pelos meus pensamentos e sentimentos, encontrei a **causa** que eu teria que trabalhar.

E para mudar uma causa você precisa identificar quais emoções você está sentindo no AGORA! Não importa o que você sentiu ontem, ou o que você sentirá amanhã.

Só o que temos é o agora. O passado já passou e o futuro ainda não veio. Portanto você só vai conseguir mudar uma realidade se você estiver a percebendo no aqui e agora. Hoje você está vivendo os resquícios de ontem, e o amanhã está sendo criado hoje!

Lembra que eu falei que a emoção é o que exerce a maior forca sobre nós?

Exatamente por isso, que você tem que prestar atenção a qual emoção está sentindo no agora, pois é ela que está CRIANDO o seu futuro. É isso mesmo.

Você leu certo!

Você CRIA a sua realidade!

Hoje você está criando o seu amanhã!

Você precisa decidir que o amanhã que você ainda vai viver seja diferente do agora. Você só vai modificar o seu amanhã mudando pensamentos, sentimentos, ações no agora. Pois é no agora que você cria o seu amanhã!!!!

Então, entender esse fato me fez voltar para o mesmo ponto, saber o que eu queria de forma explícita, quanto mais detalhes eu soubesse, melhor seria. E ainda assim, mesmo descobrindo tudo aquilo que citei acima, eu ainda tinha dificuldade para definir o que eu queria. Pois as crenças que tinham dentro de mim eram muito enraizadas.

Mas, e aí, como identificar o que realmente queremos?

E essa dificuldade não era só minha, inclusive noto ainda hoje que essa é uma das mais comuns entre as pessoas.

O que entendi foi que eu não precisava buscar minhas crenças enraizadas e sim saber, depois de toda essa informação, quem eu queria ser. E foi para achar essa resposta que comecei a seguir pessoas de sucesso, pois para mim o mais importante era eu me mover em alguma direção.

E eu queria muito ser de sucesso!

E hoje eu sou!

Na verdade, eu já era de sucesso em várias áreas da minha vida, eu só não sabia na época.

Eu descobri que já que eu queria ser alguém de sucesso, achei que era só começar a estudar essas pessoas e fazer o que elas faziam e pronto. A mágica acontecia.

E não foi bem assim, pois comecei a estudar muitas pessoas e elas sempre tocavam em um ponto muito importante que era você saber quem você é de verdade.

E isso não está dizendo conhecer o que você tem de bom só não, é realmente ver quem você é de verdade com seu lado luz e também seu lado sombra!

Lembra que eu citei que tudo no universo tem dois polos, negativo e positivo?

Pois é, nós somos parte desse universo e temos em nós o positivo e também o negativo. Mas o que acontece com a maioria das pessoas é que elas não querem aceitar o seu lado negativo, achando que isso é um tipo de defeito. Mas não é. E quando você consegue lidar com o seu lado negativo também, isso melhora muita coisa na sua vida.

Por exemplo, eu descobri em mim que eu era uma pessoa muito egoísta no meu relacionamento, e quem me conhece não acredita nisso, pois sempre fui uma pessoa muito generosa, sempre tratei meu esposo muito bem, mas no meu intimo eu era egoísta, pois já que eu o tratava muito bem, me via no direito de cobrar dele o retorno do mesmo tratamento. E isso não é o correto, pelo menos para mim. Aprendi então, me observando e me vendo como realmente eu era, que o que eu fazia não era ser generosa, mas sim era um meio que eu usava para poder cobrar de volta, ou seja, eu agia com ele, mas pensando em mim, entende. E isso não é ser generoso, isso é ser interesseiro. Hoje posso me considerar uma pessoa generosa realmente, pois não cobro mais o mesmo tratamento que dou. Hoje respeito as pessoas assim como me respeito. E você se conhecer faz com que você se relacione melhor com os outros.

Nós costumamos nos achar imperfeitos quando achamos algum defeito em nós, mas não é verdade, somos seres perfeitos que erram! E está tudo bem!

E vou dizer uma coisa, essa é a atitude que mais impede as pessoas de continuarem suas buscas.

Eu frequentei a igreja por um bom tempo e eu notei em mim mesma que eu vivia pulando de igreja em igreja justamente por medo de me encarar de frente. E notei esse comportamento em muitas pessoas. Nós queremos fugir de quem somos, e porquê será? Pois é tão maravilhoso nos conhecermos!!!!!

Mas não conseguimos aceitar que temos o negativo em nós, pois foi nos ensinado que o negativo é ruim, e não é bem assim que as coisas funcionam.

E só quando parei de correr de mim mesma, que consegui me olhar de frente e me aceitar do jeito que sou. Desde então, não tenho mais dificuldade de direcionar meus desejos!

Então, uma coisa é certa, você só consegue saber o que realmente quer quando descobre quem é de verdade!

E agora vou entrar no principal motivo pelo qual estou escrevendo este livro.

Ajudar as pessoas a descobrirem quem elas são de verdade

O verdadeiro EU!

"Os homens não atraem aquilo que querem, mas aquilo que são".
James Hallen

A nossa programação mental nos atrapalha a identificar os nossos reais sonhos ou metas, então você precisa começar a pensar além da sua analítica.

Você só vai conseguir determinar onde quer chegar assim que você souber onde você está. Você não precisa exatamente saber o que foi programado em você, basta você se tornar um observador da sua própria realidade! Pois é exatamente isso que somos, observadores da nossa realidade. E não para por aí não, além de observadores, somos os criadores e protagonistas da nossa própria história. E como você é o observador, cabe somente a você o direito de mudar o que quiser mudar, ou não. A escolha é sempre sua!

Você já sabe que alguns comportamentos, pensamentos, opiniões, hábitos, não são 100% seus, que boa parte foi programada. E está tudo bem, agora você tem que saber separar o que serve para você e o que não serve.

Então, aqui você já inicia a mudança, pois você ao querer outra realidade, você já está olhando para outro ponto.

E a partir daí você começa a prestar mais atenção ao que você gosta, ao que tem mais a ver com você. Começa a se afastar de pessoas que não estão de acordo com o que você quer viver, começa a escolher o que vai ouvir, ver, até o que comer. Tudo isso porque você está buscando se sentir melhor.

E muitas pessoas fazem essas mudanças até sem perceber.

Nós achamos que é uma simples vontade de se sentir melhor, e é, mas da onde vem essa vontade?

Pois se estamos em um lugar, ou convivendo com pessoas que causam isso em você, tudo bem. Mas, e quando você não está rodeado por esses estímulos bons como foi o meu caso, como nasceu esse desejo?

Lembra que falei mais acima pra você aceitar o seu querer?

Então, o querer não é obter, esse é um benefício secundário

O " querer" é crescer, é você trazer mais do seu ser para a superfície.

Você é a maior criação de Deus.

Esse querer se torna desejo que nasce da sua essência! Isso mesmo!

Desejo é o esforço da possibilidade interior não expressada buscando se expressar através de ações.

Nós somos seres essenciais! Isso quer dizer que somos essenciais para a evolução aqui na Terra.

Nós estamos aqui para evoluir a nossa espécie, ajudar a expandir e melhorar o mundo.

Isso mesmo!

E saber disso fez todo o sentido para mim.

Nós somos seres espirituais e energéticos e estamos aqui para viver conforme a nossa essência deseja, e é aqui que você descobre de onde vem a vontade de querer mais da vida!

Quero deixar bem claro que este livro não tem nenhuma ligação religiosa, nem mística.

São apenas estudos de várias pessoas que buscam por respostas assim como nós estamos fazendo. Muitos desses estudos, são científicos e comprovados.

A sua essência quer se expressar através de você e ela quer que você viva o melhor dessa terra. E foi com essa descoberta que comecei a reprogramar a minha mente. Pois a insatisfação era algo constante dentro de mim.

E como assim, depois de tudo que havia aprendido até aqui, ainda continuar com um sentimento desse?

E esse sentimento me fazia sentir que estava errada em querer mais. Que estava sendo mal agradecida, sabe aquele pedido de fim de ano "quero o suficiente para sobreviver", é a pior das intenções. E foi observando e aceitando quem eu sou na minha essência que comecei a realmente trazer transformações para minha vida e de minha família. Pois consegui finalmente saber o que eu queria com detalhes.

Não estamos aqui para viver o mais ou menos, estamos aqui para viver o extraordinário!!!

Não somos seres carimbados ao nascer por Deus, esse vai viver bem, esse vai viver mais ou menos, esse vai viver mal! Todos nós somos feitos da mesma coisa, somos todos energia pura manifestada que vem do TODO!!!!

E a sua essência sabe disso, ela sabe o que é bom.

Como eu disse no começo do livro, eu estudei de tudo que você imaginar, porque eu estava determinada a encontrar uma resposta para minha busca, e todos os caminhos que busquei, todos, me trouxeram para o mesmo ponto, o autoconhecimento. Saber quem eu sou. E eu falo que, demorei um pouco a encontrar a resposta porque simplesmente tinha medo de descobrir quem eu era de verdade., como já disse antes.

Demorei encontrar a resposta, pois sempre que um estudo me dava a resposta de que o que eu procurava estava dentro de mim, eu recuava e ia estudar outra coisa. Era isso que eu fazia. Pois eu fugia em conhecer o meu lado sombra. E vou dizer mais uma vez, todos nós somos feitos da mesma energia e temos sim o lado luz e o lado sombra.

Lembra da frase "o meu mundo interior cria o meu mundo exterior", agora acho que vai fazer sentido para você e eu só consegui colocar ela em prática quando parei de correr de mim mesma.

E aqui neste livro eu estou te dando uma ponte bem curta onde se você não tiver medo de atravessar, vai te levar mais rápido ao autoconhecimento.

Eu acho que desde que nascemos, nosso objetivo maior é viver a plenitude, conforme nossa essência, que é a nossa conexão com Deus, mas não somos ensinados a fazer isso, somos sim moldados para viver conforme a sociedade exige, nos tornamos pessoas materialistas. E a vida cotidiana vai nos afastando cada vez mais de quem somos de verdade.

A vida vai passando, pessoas vão aparecendo e desaparecendo e se segue o ritmo dito "normal" da vida e chegamos neste ponto, onde nasce em nosso coração, uma vontade quase que incontrolável de buscar por mais, de viver mais e melhor! E nos sentimos confusos pois não sabemos que podemos desejar mais da vida.

Se você está lendo este livro é porque está em busca de transformação também!

E parabéns por estar buscando, você está à frente de muitas pessoas.

Espero através deste, trazer a você as informações necessárias para que você dê ao menos o segundo passo rumo aos seus sonhos. Sim, segundo, porque o primeiro você já deu buscando por essas informações!

Bem, comecei este capítulo dizendo que ia te ensinar a encontrar o seu desejo, saber o que você quer! Descobrir quem você é!

Pois aqui está o que eu fiz.

Para que eu conseguisse identificar o que eu realmente queria, agora eu comecei a estudar de forma a me aproximar da minha essência, parei de fugir e comecei a me encarar de frente. Isso fez com que eu olhasse para o que eu fazia de errado, mas também aprendi a reconhecer o que fazia de certo.

E esse é um ponto importante, porque achamos que estamos sempre errados, e isso não é verdade. E quando você passa a se conhecer, você começa a ter mais confiança nas suas decisões.

Decidi que ia abrir minha mente.

Dessa forma eu comecei a atrair para minha experiência informações que eu precisava.

Comecei a ter outra visão sobre a autorresponsabilidade, que já falei antes. Agora parecia que era mais fácil, pois eu não estava procurando agradar ninguém, eu só estava buscando ser eu mesma.

Toda informação que chegava eu analisava para ver se estava de acordo com a minha essência, e se estava eu aplicava e se não estava eu descartava, simples assim.

Somos todos parte de um TODO!

Somos parte de um vasto campo invisível de energia que contém todas as realidades possíveis e reagem aos nossos Pensamentos e Sentimentos.

O ser humano foi levado a acreditar que é um ser separado da criação, separado de Deus, e isso não é verdade.

Somos todos parte do TODO! Todos somos feitos da mesma energia etérea.

E por aprender que somos separados como indivíduos, achamos que temos que seguir o que os nossos familiares, professores, amigos, pessoas próximas fazem ou dizem para fazermos. Nós nos separamos por grupos, por exemplo, os ricos e os pobres, os altos e os baixos, os que vão na igreja e os que não vão, os que tiram boas notas e os que não tiram, enfim, são muitas separações.

E isso tudo é exatamente o que nos causa medo de buscar por mais, em nossa vida, porque achamos que estamos agindo contra nossa natureza ou grupo, e isso é um sentimento que trava muitas pessoas, pois elas acham que se forem em busca de uma vida melhor vão ficar sozinhas ou vão sofrer graves consequências!

Fomos levados a acreditar que Deus é um ser que está fora de nós, portanto temos a nossa atenção voltada para fora. E isso faz com que nós nos afastemos de Deus, que é a nossa essência! Está conseguindo achar alguma verdade nisso?

Fomos levados a pedir por auxílio divino que acreditamos que está fora de nós. Essa é uma maneira que encontraram para afastar de nós a responsabilidade por nossos atos. Percebe? Eu encontrei muita verdade nesse conhecimento e quando comecei a olhar Deus dentro de mim, tudo mudou. Parei de buscar fora e encontrei uma riqueza gigantesca dentro do meu ser.

Quando sua essência quer se expressar através da sua vida, ela te cutuca o tempo todo com o desejo de mudar. É algo que você abafa, mas de tempos em tempos volta a emergir. E quanto mais você fingir que ela não está dentro de você, mais forte ela fica!

Quando iniciei meus estudos, lembra que falei que passei a observar mais as pessoas, então, identifiquei o porquê elas preferem ficar do jeito que estão, mesmo estando ruim suas vidas. Porque elas pulam de igreja em igreja, porque começam terapia e não terminam, tudo isso, trava as pessoas na hora que elas se deparam com elas mesmas! Isso mesmo! Nós achamos mais fácil colocar a culpa na religião, no bairro onde moramos, nas pessoas que convivem conosco, no emprego, na política, no país que vivemos, na crise.

Lembra que falei que saber sobre programação seria importante, mas não seria determinante para sua mudança?

Aqui está o porquê!

Mesmo sabendo que somos seres programados, a escolha de continuar com a mesma programação é totalmente nossa! A escolha é sempre sua.

Entende porque falei aquilo?

Quando eu descobri sobre reprogramação mental, eu só queria saber como eu fazia para apagar minha fita e regravar por cima. Mas fui percebendo que mesmo fazendo mudanças drásticas de pensamentos, meus resultados ainda não se apresentavam como eu queria. Então resolvi olhar para minha programação com mais carinho e usar o que me servia e o que não servia eu nem ligava. Tudo isso ficou mais fácil depois que descobri minha essência. Porque aí eu tinha um direcionamento.

O mais importante então, é ser autorresponsável pela sua realidade e escutar a sua essência!

E como você identifica sua essência?

Você vai começar a prestar atenção no que é verdade para você, no que realmente faz sentido para você, no que combina com a sua verdadeira essência.

O que é verdade para você, e como você se vê, é o que molda sua realidade no agora.

O que você diz sobre você mesmo é o que o mundo também verá!
Você tem poder na palavra, então comece a prestar atenção no que diz de si mesmo a partir de agora.

Sentir é o segredo da criação!

Uma descoberta que achei fascinante é que o homem tem dificuldade de achar quem ele é porque simplesmente ele não pensa!

Exatamente isso!

Uma das coisas que dificulta você, de encontrar quem você é, e o que você quer, é exatamente NÃO PENSAR!

Atividade mental não é pensar.

Nós não paramos para pensar em nós mesmos, não pensamos em quem realmente somos, no que gostamos. Estamos sempre fazendo algo para alguém, sempre nos preocupando em ser bom para alguém ou para alguma empresa, e não paramos para pensar o que nos agradaria, ou o que seria bom para nós naquele momento ou situação.

Não pensamos por nós mesmos, simplesmente seguimos o que vai acontecendo no dia a dia, e isso vai nos afastando cada dia mais de nós mesmos.

Precisamos pensar em nós, por nós e para nós.

Esse é um tipo de egoísmo que é necessário para alcançarmos a vida que merecemos, pois não podemos dar o que não temos.

Como queremos dar amor, afeto, valor aos outros se não damos isso a nós mesmos.

E foi começar a pensar por mim mesma e em mim, que me fez buscar todo esse conhecimento.

E essa etapa é muito importante, porque só quando comecei pensar em mim, e fazer as coisas para eu me sentir bem, para eu ser feliz para eu sentir amor, liberdade, gratidão é que as coisas realmente começaram a mudar.

Lembra da autorresponsabilidade?

Foi a partir dela que eu consegui olhar mais para mim.

Se você não sabe pedir, qualquer coisa servirá.

E eu quando pedia por mais dinheiro, eu sempre pensava que era para ajudar a minha família, o meu esposo, era para comprar o que eles gostavam, enfim, nunca eu colocava a frente de meus pedidos o que eu realmente eu queria sentir tendo mais dinheiro. É como se ficássemos o tempo todo tentando nos esconder de nós mesmo. Parecia que eu tinha medo de falar o que eu queria realmente.

Na verdade, eu tinha medo mesmo!

Eu descobri que algumas crenças religiosas me impediam de fazer meus pedidos com mais clareza. Até que um dia eu decidi ter coragem e pedir para mim. Não pedi mais por ninguém, eu comecei a prestar mais atenção ao que eu queria experienciar através do dinheiro e ai sim eu comecei a ter bons resultados na minha vida financeira.

As crenças religiosas são um dos maiores bloqueadores e sabotadores que o ser humano tem. Pois nós fomos formados a partir do medo!

Medo do julgamento, medo do inferno, medo do dinheiro, medo de não pertencer, medo, medo......

E esse é um dos maiores afastadores de uma vida plena e abundante.

E encontrar essas crenças me trouxe mais entendimento e assim eu não tive mais medo e comecei a cocriar a vida que eu queria viver agora com total liberdade!

E assim comecei a dar mais atenção aos meus pensamentos, e por fim, aos meus sentimentos e emoções. Meu objetivo passou a ser **me sentir bem.** Isso é fundamental para você conseguir criar um novo mundo.

O pensamento gera sentimento, que gera emoção, que gera ação, que gera resultado!

Tudo que se apresenta em sua realidade é, portanto, **RESULTADO!**

E o que eu fazia lá atrás era justamente olhar somente para os resultados. Não adianta olhar para os resultados, pois eles são efeitos. Você precisa a partir de agora olhar para a causa!

E aqui eu vou te revelar **o grande segredo do Poder Criador** que muitos falam por aí. Aqui está a fórmula que usei para transformar minha vida!

O que cria sua realidade é o que você **"sente"** que é verdade sobre determinado assunto. A causa está na emoção que você está sentindo no aqui e agora.

Sim, isso mesmo que você leu!

O sentimento é o segredo!

Porém, o campo quântico só responde quando pensamentos e sentimentos estão alinhados, quando são coerentes, ou seja, transmitem o mesmo sinal.

Por exemplo, se você pensa que você nasceu pobre e sente tristeza toda vez que pensa em dinheiro, o que você vai experimentar novamente, é a tristeza. E isso vai fazer com que mais situações de pobreza apareçam para você, pois o que você quer sentir é a tristeza.

Vou citar um exemplo cotidiano e simples que ajudará você a entender melhor:

Se você pede a Deus que quer dinheiro para pagar suas dívidas, e quando você consegue pagá-las sente um grande alívio, uma sensação de bem estar maravilhoso.

Pois bem, qual o sentimento que você emanou quando pagou suas dívidas, de bem estar, de gratidão talvez, e é aí que está o problema! O Universo recebe como informação o que você acabou de sentir pagando suas dívidas, portanto, ele vai mandar mais situações para você sentir a mesma emoção. Pode ser que quebre o seu carro, alguém em sua casa fique doente, alguém querido pede um dinheiro emprestado, e aquele dinheiro que havia sobrado ou que iria sobrar no mês seguinte, vai embora. É assim que criamos mais dívidas. Era assim que eu criava mais dívidas em minha vida. Dívida era algo constante na minha casa!

Hoje não tenho mais dívidas. Tenho serviços a pagar de pessoas ou empresas que me servem onde preciso! E pago com muita gratidão, pois o dinheiro é uma moeda de troca, e nada mais justo darmos ele em troca de algum serviço ou objeto que adquirimos.

Parece que não queremos soltar o dinheiro, não é mesmo?

A impressão que tenho observando a mim mesma lá atrás, é que queremos comprar, queremos usar serviços, queremos ir para algum lugar mas não queremos pagar por tudo isso. Não queremos dispor do dinheiro por aquilo que queremos ou precisamos.

E como mudamos essa situação?

Nós precisamos mudar o polo desse sentimento. Isso mesmo, somos regidos por uma lei que é "a lei da polaridade" que diz que tudo tem seu positivo e seu negativo, todas as coisas. Tudo que existe tem dois lados como eu já expliquei.

Se está sentindo tristeza em determinado assunto, para mudar, vai ter que passar a sentir o oposto disso.

Temos que criar consciência de que o dinheiro é dinheiro, ele não determina quem você é como pessoa. Você não é sua conta no banco, você não é o seu salário!

Temos que mudar a visão relacionada ao dinheiro, para o que ele serve realmente. E ele é apenas uma moeda de troca que precisamos sim, mas isso não determina quem somos.

Olhando em termos de energia!

Lembra que falei que somos seres energéticos?

Então, você é uma massa de energia que funciona em frequências!

Tudo em nossa realidade é energia. Tudo se move em frequências diferentes, mas se movem. Se você tiver dúvida disso, experimente colocar um metal na tomada. Você não vê a energia elétrica, mas ela está lá na tomada e vai fazer um estrago real se colocar um metal lá.

As pesquisas científicas descobriram que o átomo é quase que todo, energia e uma pequena porção é matéria, e ainda assim, é energia condensada, isso prova que somos seres compostos de pura energia! E que funcionamos em frequências.

Somos parte de um vasto campo invisível de energia que contém todas as realidades possíveis e reagem aos nossos pensamentos e sentimentos.

Somos iguais a uma antena de rádio ou tv, que capta sinal e emana sinal.

Tudo que chega até você está relacionado ao sinal que você está emitindo em frequências o tempo todo.

"Sintonize com a frequência da realidade que você quer, e você com certeza conseguirá essa realidade. Não

tem como ser diferente, isso não é filosofia, isso é física!" Albert Eintein.

Lembrando que nós somos seres eletromagnéticos! Ou seja, coração e cérebro trabalhando juntos!

Somos seres magníficos!

Tudo no universo está vibrando, e nós seres humanos vibramos através dos nossos pensamentos e sentimentos. E como tudo se move, você atrai para você resultados referentes ao polo que você escolhe depositar energia. Negativo ou positivo.

E como um imã, vai atrair para sua realidade mais energia do mesmo polo.

Um ímã emite ondas magnéticas que atraem coisas da mesma estrutura magnética para grudar em si. Dito isto, somos como esse imã, emitimos ondas magnéticas através dos nossos pensamentos e sentimentos e consequentemente, atraímos para nós coisas com a mesma estrutura magnética.

Acredito que agora veio em sua mente a seguinte pergunta:

Quer dizer que eu atraí os problemas que estou vivendo?

E eu digo que sim! Você está atraindo tudo para si, assim como o imã.

Eu sei que essa informação não é muito fácil de aceitar, e está tudo bem.

Mas vamos analisar de outra forma, acredito que ficará mais fácil para aceitar!

Daí você me pergunta:

Quer dizer que tudo isso que estou vivendo em minha vida, toda essa felicidade, toda essa abundância, todo esse amor, toda essa gratidão, eu estou atraindo para minha realidade?

E eu digo que sim!

Consegue perceber porque algumas pessoas não conseguem resolver os problemas em sua vida?

Porque só querem olhar para onde elas acham que tem que olhar, não para onde tem que olhar realmente.

Percebe que é tudo uma questão de escolha?

Mas é preciso parar e olhar para sua vida como está no AGORA, para que você consiga identificar que polo você está colocando mais energia!

Tudo o que você estiver focando, dívidas, tristeza, escassez, não merecimento, culpa, você está colocando energia nesses sentimentos e a consequência é que você vai atrair mais energias do mesmo polo.

Toda emoção se alimenta de si mesma!

E saber disso é muito bom, porque quando você trazer para sua consciência o tipo de polo que você está alimentando, você vai ser capaz de trocar de polo!

Você se torna o que pensa a maior parte do tempo!!!!!

Então cuide dos seus pensamentos como se fosse um lindo jardim

Sua mente é como um terreno fértil, que o que você jogar de semente lá vai nascer. As sementes são os seus pensamentos e a emoção que você sente em relação a cada semente é que vai fazê-la brotar, crescer e dar frutos.

Lembra que falei da reprogramação? Que saber o que foi programado não ia ajudar de nada?

Pois é, seria a mesma coisa que olhar para a planta que você cultivou, que já está dando frutos e querer que os frutos voltem para seu estado de antes. Não vai acontecer. Então, o que eu recomendo, se caso você perceber que tem alguns frutos em sua plantação que você não se orgulha muito. Não tem muito o que fazer, simplesmente aceite que o fruto já existe e que logo, logo ele vai cair e apodrecer e voltar para o solo, de onde ele saiu.

No caso, os frutos podres, são os nossos erros e de nada adianta ficar se lamentando e gerando sentimento de culpa. O negócio é deixar o fruto cair por si só e decidir plantar novas sementes.

Começar a agir diferente a partir de pensamentos diferentes gerarão novas plantas e conseguinte, novos frutos!

Foi isso que fiz quando lá atrás eu me culpei por não conseguir fazer minhas coisas.

Nós fomos levados a acreditar no pecado, e pecado não existe, existe plantar e colher. E essa é uma lei universal!

Uma coisa é certa, o pecado nada mais é do que a planta ruim que você plantou e não tem jeito, você colherá sim frutos ruins, mas isso não quer dizer que sua colheita durará uma vida inteira, vai durar o tempo necessário para completar o ciclo. É a questão de olhar para o fruto podre e decidir não plantar mais da mesma planta!

É uma questão de escolha sempre!!!!

Um erro que a gente repete se torna uma escolha!!!!

O que você tem que fazer daqui para frente sabendo de tudo isso, é escolher que tipo de planta você quer cultivar, que frutos vai querer colher, para saber que tipo de semente você tem que plantar.

E para isso, você vai precisar parar e observar no agora os seus resultados!

Você pode mudá-los a hora que quiser, sempre.

Basta ter coragem para olhar para eles.

Vou dar um exemplo meu.

Lembra da minha motivação? Vida financeira?

Pois bem, quando buscamos por dinheiro, não é bem o dinheiro que queremos e sim o que ele vai proporcionar. E é dito que para criar algo em nossa vida temos que associar o que queremos criar a uma emoção. Isso mesmo!

E eu percebi estudando isso, que eu estava criando os meus resultados através do que eu estava sentindo, ou seja, se aquela situação de falta de dinheiro me gerava uma emoção de tristeza ou qualquer outra emoção, consequentemente eu gerava mais situações que me comprovava o que eu sentia. E é bem isso mesmo. E o que fiz foi mudar meu sentimento relacionado a dinheiro, na verdade eu comecei a focar no sentimento.

E aqui posso explicar porque temos problemas financeiros!

É porque o sentimento que nos foi passado sobre dinheiro é ruim.

Eu não sei você, mas eu vim de uma família, dita pobre, e o que eu percebia em minha casa sobre dinheiro era que, ganhar dinheiro era difícil, sacrificado, não era para todos, e o sentimento que era transmitido pelo meu pai e pela minha mãe era sempre de preocupação, de falta, desespero, enfim, só sentimentos ruins.

E é o sentimento que ficou gravado em minha mente.

Lembra que falei lá em cima que não buscamos pelo dinheiro em si, mas buscamos pelo sentimento que vamos sentir através do dinheiro, com o que ele pode proporcionar?

Então, é assim que você vai mudar sua vida financeira, se caso quiser essa mudança, é claro!

Você precisa ressignificar o seu sentimento sobre dinheiro. Isso mesmo, trazer sentimentos bons quando pensar em dinheiro.

Geralmente, quando estamos tentando mudar nossa vida financeira, sempre nos deparamos com a seguinte pergunta:

Para que você quer dinheiro? Geralmente a gente responde que é para pagar as contas, comprar coisas, enfim, coisas superficiais, mas na verdade, não é isso que queremos e sim o sentimento que essas ações vão proporcionar! Uau!!!!! E nada de ficar se escondendo atras dos outros, ache os sentimentos que você irá sentir, você!

E a partir de agora, você vai se perguntar: O que eu quero sentir com o uso do dinheiro?

Que sentimento ter dinheiro vai me proporcionar?

O que eu vou sentir quando adquirir o bem que desejo?

O que vou sentir quando receber aquele dinheiro que tenho para receber?

O que vou sentir quando comprar aquela roupa linda que vi na vitrine?

Foque sempre no que você vai sentir! Isso mudará tudo, te garanto.

Isso tanto faz se você é rico ou pobre.

O que você leva para sua fase adulta é o sentimento relacionado ao dinheiro que foi passado a você desde que você existe.

E você tem agora nas mãos o poder de criar a vida que deseja, basta começar a sentir a vida se expressar através de você!

E o sentir não custa nada, é de graça, então não economize!

Somos todos abundantes!

Tenha paciência!

A transformação acontece através de pequenos atos. E a mudança vem acontecendo aos poucos, temos que ser pacientes e acreditar que ela está acontecendo no agora.

Isso é ter FÉ!

E não é fé cega! É plantar e colher.

Se você está cuidando dos seus pensamentos, sentimentos palavras e emoções, e estes estão totalmente de acordo com a vida que você quer viver, então fica fácil ter fé. Concorda?

Então, tenha paciência com você! Tudo faz parte de um processo.

O tempo de germinação é importante para a planta brotar e dai depois ela vai crescer e dar frutos. Lei da gestação!

Se você ficar duvidando o tempo todo o processo é interrompido e você tem que começar tudo de novo.

Afinal, quando você planta uma semente na terra, você não fica indo todos os dias, tira a terra de cima da semente para ver se está brotando, certo?

E toda vez que você vai e tira a terra de cima da semente você atrasa o processo e às vezes, até interrompe o processo.

E é bem assim que agimos quando buscamos por mudanças! Temos pressa!

Sei disso porque eu tive pressa, eu achava que tudo tinha que acontecer no meu tempo, e descobri que não é bem assim. E observando a natureza, pude trazer para minha vida a fé de que tudo funciona sem esforço nenhum, e que toda semente plantada em terreno fértil brotará em seu devido tempo. A natureza flui sem se esforçar.

Ela é abundante!

E imagina quem faz parte de tudo isso?

VOCÊ, EU, TODOS NÓS!

Isso mesmo, portanto somos todos abundantes.

Como eu sei disso? É só observar a natureza.

Quando você descobre quem você é de verdade, fica mais sensível às sensações da vida, ou seja, você passa a ver Deus em tudo!

Quer uma energia equilibrada? Vá para a natureza!

Isso mesmo, na natureza a energia que emana é equilibradíssima!

E quando você descobre que faz parte de tudo isso, aí fica fácil saber que é abundante!

A prova!

Observe um grão de milho por exemplo, se você plantar e cuidar certinho esse grão vai brotar e vai gerar um pé de milho com várias espigas com vários grãos, portanto tudo que depositamos na natureza se multiplicará com abundância! Está conseguindo encontrar verdade nisso?

Foi assim que consegui mudar a minha visão de escassez para abundância, buscando várias provas na natureza e você pode fazer isso também.

Acredito que vai encontrar abundância em tudo que olhar.

E as coisas que passamos na vida, às vezes, nos afasta dessa visão e a gente vai se habituando com a escassez. Até que nossa essência nos diga que merecemos o melhor dessa terra e a natureza está à disposição para nos dar tudo que ela produzir.

E essa foi uma das verdades que trouxe para minha vida, ensinei aos meus filhos e ao meu esposo e agora para você leitor. E hoje não vejo mais escassez em minha vida. Acredito com todo meu coração que somos todos seres pertencentes a natureza, e por isso merecemos a riqueza, a fartura, a abundância em nossas vidas.

Não sei qual é o seu objetivo com a leitura deste livro, mas se chegou até aqui, tenho certeza que colherá muitos frutos bons em sua vida, se começar a plantar as sementes correspondentes, é claro.

De onde vem o poder!

Você tem controle unicamente da sua imaginação e percepção!

Sabe toda essa abundância que mencionei acima?

Pois bem, ela também existe em sua mente subconsciente. Isso mesmo.

Lembra que falei que sua mente é um terreno fértil onde tudo que você planta cresce?

Tudo que você semear em sua mente, em seu subconsciente, você colherá!

Aí está a abundância!

E também a LIBERDADE!

Você tem noção do poder que você tem nas mãos agora que sabe de tudo isso?

E você sabe como usar esse poder para criar?

Você usara esse poder através da sua imaginação!

É aqui que está o seu controle. Tudo o que você imagina está totalmente sobre o seu controle. É você quem escolhe o que quer imaginar e ninguém pode tirar esse poder de você.

A imaginação você vai usar para criar o mundo que quer, as condições que precisa e a percepção você vai usar para pensar sobre as coisas que estão acontecendo e interpretar os fatos que acontecem com você.

Tendo imaginação, você cria o mundo que quer, você cria a pessoa que quer ser, o mundo que quer viver, você se torna o que quiser.

E foi praticando a imaginação, que encontrei a maior das liberdades, a liberdade mental!

Gente isso não tem preço!

E agora acredito que você conseguirá entender o porquê tive que passar todo aquele conteúdo antes. Para que você chegasse até aqui, nesse entendimento.

Você consegue perceber o poder que temos em nossas mãos, ou melhor em nossa mente!

Aqui eu entendi uma passagem da bíblia que diz que temos que ser que nem crianças e sabe porquê?

A criança não tem medo de usar a imaginação. E nós adultos parece que esquecemos de tal poder.

E como você aprendeu, tudo parte da nossa mente, que somos o que pensamos e que somos responsáveis pela nossa plantação e colheita, que criamos a partir do pensar, agora fica fácil.

Pegue tudo o que for bom para você e jogue no mundo da imaginação, regue com a emoção e veja a mágica acontecer!

O pensar é a única coisa que temos sob nosso controle, e isso é maravilhoso!

Viu agora como transformei minha vida?

Conhecereis a verdade e ela vos libertará!

Você tem controle unicamente da sua IMAGINAÇÃO e PERCEPÇÃO!

E foi isso mesmo que aconteceu, encontrei a liberdade em mim e espero de coração que você leitor(a) possa encontrar também.

Você só é limitado apenas pela falta de atenção e pela pobreza de imaginação!

Neville Goddard

Somos observadores

Somos observadores da nossa realidade e tudo que nela se apresentar está extremamente conectado ao que você dá atenção.

Tudo que você foca, aumenta!

O que você vai colher no seu futuro?

Que tipo de semente você está plantando neste solo fértil que é sua mente subconsciente, adubado pelo seu coração?

Lembra quando falei no início do livro que as pessoas buscam por mudança sempre no final do ano, ou na maioria das vezes. Então aqui está a solução!

É preciso observar que tipo de sementes está plantando! Isso vai dizer que tipo de colheita você terá no ano seguinte.

Neste momento, você está jogando sementes que são seus **pensamentos** no seu solo fértil da sua mente e a **emoção** que você sente é a água que vai fazer brotar e crescer esta planta que produzirá uma bela flor que encantará sua vida, ou uma erva daninha que aos poucos destruirá tudo que tem de bom dentro de você! Use bem suas emoções.

Um pensamento intencional precisa de um energizador, um catalisador. E essa energia vai vir através de uma emoção elevada.

Coracão e mente trabalhando juntos!

O que você dar com a sua imaginação receberá exatamente o equivalente na carne, no mundo exterior, cedo ou tarde.

Então se caso você ver que há sim ervas daninhas no seu jardim, mas também há flores, identifique as ervas daninhas e pare de plantar mais sementes dela, pare de produzir as sementes que as produz e comece a produzir mais sementes que te dará flores.

Com o tempo, seu campo estará todo florido e vai ficar mais fácil identificar as ervas daninhas e assim extraí-las.

O primeiro ato é sempre seu.

Por isso apague todo mal, ressentimento, aflição, desânimo, medo da mente subconsciente e comece a plantar harmonia, paz, sabedoria, riqueza, felicidade, amor!

Tudo parte de uma escolha, flores ou ervas daninhas!

Eu escolhi um jardim cheio de flores lindas, com cores vibrantes, perfumadas e de todas as espécies!

Hoje posso dizer que cultivo um belo jardim!!!!

Mas não se preocupe se você não conseguir de primeira, só não desista, e tenha paciência com você!

A repetição é a chave para você começar a ver o mundo de com outros olhos!!!!

Você é o criador da sua realidade e o que você vê e deposita energia/atenção, é o que se manifestará no mundo que te rodeia.

Presente

Gostaria de presentear você leitor com essa oração que veio até mim quando eu estava precisando muito do auxílio dos céus!

Eu usei mais como uma reprogramação mental do que oração. Usei como mantra mesmo, para que eu conseguisse acreditar nesse ser maravilhoso que somos nós.

Que ela venha ser benção na sua vida assim como foi na minha! Essa oração é do autor Joseph Murf, que é autor do livro O poder do subconsciente.

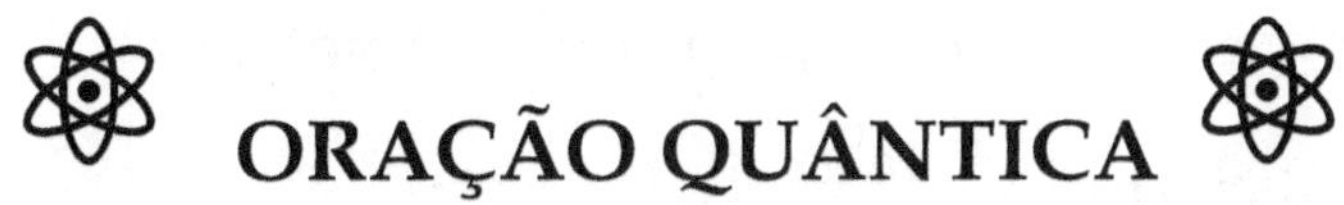

ORAÇÃO QUÂNTICA

Eu (seu nome) ordeno a retirada de minha mente de todas as crenças, conceitos, pensamentos, frases, pessoas negativas e tudo que me limitou até aqui em meu crescimento moral, profissional, financeiro e espiritual.

Se há algum inimigo, revelado ou não, querendo me atingir, que seja iluminado neste momento e tornado meu amigo, porque em minha vida só há lugar para amigos.

Abençoe, abençoe, abençoe!

Coisas maravilhosas chegam agora em minha vida, neste momento, neste dia, e por toda a eternidade.

Eu conquisto os meus objetivos com facilidade.

Vivo minha vida com alegria, calma, serenidade e harmonia comigo e com todo o UNIVERSO.

Agradeço a tudo que sou e tudo que tenho.

Sei que o poder da consciência é ilimitado, e que a Consciência Una está comigo em todos os lugares.

Reconheço que sou um ser em constante movimento de evolução.

Escolho agora meu progresso físico, mental, emocional e espiritual, e sou grato por meu estado de bem aventurança.

Sou feliz porque tenho sempre o que preciso e em abundância.

Dentro de mim estão virtudes, qualidades, competências, sabedoria e inteligência, que fazem a minha vida feliz, realizada e ampla.

Supero qualquer tipo de obstáculo.

Diante de mim, se desenha um futuro de muita ação, construção e alegria.

As opiniões dos outros são muletas, quem tem pernas fortes como eu, não precisa de muletas.

Surpresas maravilhosas chegam agora em minha vida!

É maravilhoso como em todos os momentos estou mais feliz!

Eu sou saudável!

Meus músculos são fortes, minha pele é firme suave e viçosa, cheia de jovialidade.

Minhas células se renovam normal e ordenadamente, assim como meus hormônios.

Meu organismo funciona harmonicamente, e eu sou só saúde, paz, vivacidade, beleza e alegria.

É maravilhoso, maravilhoso, maravilhoso!

Minha vida e meus negócios sempre prosperam.

Todo dinheiro que eu preciso vem a mim facilmente a partir de fontes infinitas do bem.

O dinheiro sempre flui para mim em avalanche e abundância, pois a riqueza me pertence e faz parte a todo instante da minha vida.

Meus amigos abrem portas oportunas e vantajosas ao meu crescimento, que sempre contagia e espalha prosperidade e otimismo com todos que convivo.

Obtenho sempre alegria no contato com todos.

A riqueza está aqui.

O mundo da Consciência Una é aqui, e já é perfeito.

Gratidão, gratidão, gratidão!!!!!

A minha vida é do tamanho dos meus sonhos!

Solução, solução, solução!

Sou perfeito, sou saudável, em corpo e consciência, alegre, forte, tenho amor e muita sorte!

Sou feliz, inteligente, vivo positivamente, tenho paz, sou um sucesso, tenho tudo que peço.

Acredito firmemente no poder da minha mente!

Eu sou!

Eu posso!

Eu consigo!

Eu realizo!

Assim seja!

Meu trabalho hoje

Como eu disse mais acima, descobri o meu propósito de vida durante o processo de aprendizagem e acabei me formando Terapeuta Holística ao mesmo tempo que escrevia esse livro, dois sonhos se realizando ao mesmo tempo!

Aprendi nessa formação terapêutica a trabalhar com uma técnica de ação rápida e imediata que faz uma substituição energética em seu campo áurico.

Essa técnica realmente edita memórias, já que as memórias são implantadas através das emoções!

O seu corpo tem segredos de cura escondido, pronto para serem revelados a qualquer momento.

O que você afirma sobre você, se desenvolve e se espalha para o mundo!

Lembra da frase: "Os homens não atraem aquilo que querem, mas aquilo que são". De James Hallen.

Então é muito importante você saber quem você é!

As programações do cérebro são quase sempre diferentes das da mente. É preciso "limpar" o que não é bom, mantendo em sincronia o que é bom, ou seja, "corpo-mente-espírito".

Expectativas determinam resultados, e expectativa positiva gera resultado positivo.

O Aura Master, que é o nome da técnica que eu trabalho, vai ajudar você a impregnar sua aura (campo energético) com esse tipo de vibração.

Quando estamos buscando por mudanças, toda ajuda é bem-vinda!

E eu posso te garantir que essa técnica funciona, pois foi realizando-a em mim mesma que estou escrevendo este livro.

É uma técnica que vai abrir as portas de um mundo mais positivo e mais leve para ser vivido, te garanto!

É um trabalho que tenho muito orgulho, pois através dele posso espalhar boas novas ao mundo, boas sementes e deixar o mundo mais florido de bons sentimentos.

Eu criei a partir dessa técnica um pacote de Tratamento Energético, que eu chamo de "acelerador de resultados", porque é exatamente isso que ele faz.

Vou deixar meu e-mail profissional, meu site para que você possa conhecer melhor essa ferramenta que tem o poder de transformar sua vida!

www.triadedocorpo/iluminaessencia

E-mail: contato@triadedocorpo.com

Instagram: @Vaniamatioli

Amor
Verdade
Gratidão
Fé
Perdão
Amizade
Abundancia
Bondade
Felicidade
Prosperidade
Respeito
Alegria
Riqueza
Liberdade

www.ingramcontent.com/pod-product-compliance
Lightning Source LLC
LaVergne TN
LVHW091316150826
845673LV00006B/1663

9786500748857